GRANDES
PASTORES

Conheça nossos clubes   Conheça nosso site

@editoraquadrante
@editoraquadrante
@quadranteeditora
Quadrante

GRANDES PASTORES

André Frossard

2ª edição

Tradução
Roberto Martins e Emérico da Gama

Título original
Les grands bergers d'Abraham a Karl Marx

Copyright © 2012 Desclée de Brouwer

Capa
Karine Santos

Dados Internacionais de Catalogação na Publicação (CIP)

Frossard, André (1915-1995)
Grandes pastores / André Frossard; tradução de Roberto Martins e Emérico da Gama. — 2ª ed — São Paulo : Quadrante, 2025.

ISBN: 978-85-7465-781-3

1. Frossard, André (1915-1995) 2. Ensaios biográficos 3. Pensamento I. Autor II. Título

CDD 844.92

Índice para catálogo sistemático:
1. Frossard, André (1915-1995) : Ensaios
biográficos : Pensamento 844.92

Todos os direitos reservados a
QUADRANTE EDITORA
Rua Bernardo da Veiga, 47 - Tel.: 3873-2270
CEP 01252-020 - São Paulo - SP
www.quadrante.com.br / atendimento@quadrante.com.br

Sumário

Prólogo	7
Abraão	9
Moisés	19
Jesus Cristo	35
Paulo	51
Karl Marx	67
Bernadette	85

Prólogo

Os pastores desenhados em traço livre nestas páginas são retratados segundo a ordem em que apareceram na História, o que explica que Cristo ocupe o terceiro lugar, apesar de — para um cristão — o seu Nome "estar acima do todo nome".

Também não nos deve estranhar demasiado que nos encontremos nos capítulos finais com o lobo a ponto de devorar os lobos e com uma pastora chamada Bernadette, cujo delicado e doloroso testemunho reúne todos os anos milhões de peregrinos em Lourdes.

O autor propôs-se apenas refrescar a memória de algumas pessoas, tornando mais vivas, se isso é possível, as cores das nossas recordações religiosas.

Abraão

Abraão, o amigo de Deus, é o primeiro pactuante da Aliança e uma figura verdadeiramente incomensurável, se pensarmos que o Evangelho não hesita em falar do "seio de Abraão" para designar a morada dos bem-aventurados.

Nasceu há aproximadamente quatro mil anos e viveu muito tempo numa região do globo que a guerra do Golfo nos tornou familiar: uma cidade situada no curso inferior do Eufrates e que a Bíblia denomina "Ur da Caldeia", embora os historiadores pensem hoje que os caldeus chegaram lá muito depois.

As Escrituras são lacônicas a respeito dos ascendentes do Patriarca. Diz-nos que era um dos filhos de Taré, da linhagem de Sem, filho mais velho de Noé e pai de Heber, antepassado dos hebreus; que, junto com os outros irmãos, "servia outros deuses", muito numerosos naquele país e entre os quais era particularmente cultuado o "deus-lua"; que tinha desposado a deslumbrante.Sara, cujo nome significa "princesa" e era objeto de cobiça por parte das testas coroadas.

Conduzida por Taré, toda a tribo emigrará de Ur para Harrán, um movimentado centro de caravanas situado ao norte da Mesopotâmia.

Ali terá começo a inverossímil aventura do povo judeu, esse povo "insolúvel na história", que subsiste até hoje perante os nossos olhos atônitos, apesar das perseguições, das diásporas, dos exílios, dos massacres e das tentativas de extermínio.

E terá começo da maneira mais surpreendente. Com efeito, a Bíblia relata a brusca intervenção na vida de Abraão de um Deus que não podia ser para ele senão um Deus desconhecido, que falava ao seu espírito e em quem ele passou a depositar instantaneamente a sua fé. Os que têm um conhecimento experimental do divino, por sorte ou por qualquer outra razão que lhes escapa, sabem-no com total certeza: numa experiência deste gênero, é impossível qualquer dúvida sobre a pessoa, pois *Deus projeta no homem a sua imagem de uma forma extremamente precisa*. Abraão, pois, não duvida, nunca duvidará, e obedecerá imediatamente à voz que lhe diz: "Abandona o teu país, o teu povo e a casa de teu pai e vai para o país que eu te mostrarei. Farei de ti um grande povo, exaltarei teu nome, abençoar-te-ei e o teu nome será bendito..."

A Bíblia conta-nos que tinha setenta e cinco anos quando ouviu essa chamada.[1] Em qualquer caso, quer fosse relativamente jovem ou um homem já maduro, parte sem demora em companhia do seu sobrinho Lot, junto com a esposa, os serviçais e todos os bens que tinha acumulado em Harrán.

---

1 A quem possa estranhar essa idade, recorda-se que a medida da existência humana não era a atual, além de que as regras acerca do estado civil eram observadas muito por cima. Taré viverá oficialmente até os duzentos e cinquenta anos e Abraão chegará aos cento e setenta e cinco — NE.

ABRAÃO

Deixando para trás todos os deuses da Mesopotâmia, dirige-se para o oeste, para o país de Canaã, a terra que Deus lhe diz que "será dada à sua descendência", mas não a ele. Durante longos anos terá a vida de um nômade, indo das planícies para as montanhas, até o Negueb, onde não há vegetação nenhuma.

Compelido pela fome, vai para o Egito, mas antes de pisar a terra desse país, muito civilizado e, portanto, pouco seguro para a virtude, diz à sua mulher: "És formosa. Se os egípcios souberem que és minha mulher, vão-me matar para apossar-se de ti. Peço-te, pois, que lhes digas que és minha irmã". Coisa que só em parte era mentira, pois Sara era sua meia-irmã por ser filha de uma segunda esposa do seu pai.

Com efeito, os oficiais do Faraó não deixaram de reparar em mulher tão formosa e apoderaram-se dela para oferecê-la ao seu senhor. Mas a partir desse momento desencadearam-se tantas catástrofes domésticas ou nacionais que o Faraó acabou por mandar investigar quem era a estrangeira. Soube que não era irmã de Abraão, mas sua esposa, e como tudo leva a pensar que os egípcios tinham então ideias muito precisas sobre o caráter sagrado do matrimônio, Sara foi devolvida ao marido, junto com uma grande quantidade de gado maior e menor, de servos e escravos, a fim de compensar a ofensa feita à moral, embora não saibamos até que ponto houve ofensa, já que — como sabemos pelo caso de Ester — o arranjo e os toucados de uma futura esposa real requeriam meses de preparativos por parte de uma legião de cabeleireiras, banhistas, perfumadoras, costureiras, chefes do protocolo etc.

Reconduzido à fronteira com a esposa, mais o sobrinho Lot e as suas riquezas, Abraão atravessará o Negueb, que continuava

GRANDES PASTORES

sem recursos, e subirá até Betel, junto às águas do Mar Morto. Ali verifica que a grande extensão dos rebanhos que ele e Lot já possuíam não lhes permitia continuarem a viver no mesmo território e era necessário separar-se. Um iria para a esquerda e o outro para a direita.

Lot, a quem o tio deixara que escolhesse para onde queria ir, foi para leste, para as sorridentes planícies do Jordão, onde, apesar de lhe parecerem o jardim do Éden, só encontrou calamidades e desgraças, entremeadas de alegrias fugazes. Dirigindo-se para Sodoma, que conquistou, viu-se sitiado por uma série de reizinhos depredadores e foi capturado junto com os seus.

Abraão, que se tinha estabelecido prudentemente no chamado "vale dos carvalhos de Mambré", no Hebrón, onde levantou imediatamente um altar ao Deus que o tinha escolhido, soube das desgraças do sobrinho e armou a sua gente para ir em perseguição dos reizinhos. Derrota-os e liberta o sobrinho, que volta a ocupar Sodoma.

De regresso da batalha, Abraão recebe a estranha visita de Melquisedeque, rei-sacerdote de Salém, que lhe traz uma oferenda de aparência humilde: pão e vinho, na qual os comentaristas cristãos viram sempre a longínqua figura da Eucaristia, e alguns deles, na pessoa do próprio Melquisedeque, uma discreta figura do Messias. Não se sabe com certeza o que Abraão pôde perceber, mas a impressão deve ter sido profunda, pois a partir daquele dia o Patriarca entregará "o dízimo de tudo" a esse rei pacífico e misterioso.

Quando Lot volta a instalar-se imprudentemente entre os muros de Sodoma, a atraente e repugnante cidade já tinha sido condenada, apesar dos esforços de Abraão. É o episódio

ABRAÃO

em que o Patriarca, no decorrer de um surpreendente regateio com Deus, seu Senhor, se empenha a fundo em obter o perdão da cidade, começando por propor-lhe que a perdoe se nela encontrar cinquenta justos, a quem o Juiz da terra não havia de querer fazer parecer junto com os outros; depois, inseguro de que Deus encontrasse esses cinquenta, propõe-lhe um número menor — quarenta e cinco justos e é aqui que se revela a sua genialidade nas negociações. Porque atreve-se a ir pedindo a Deus sucessivamente que concorde em reduzir esse número de justos, até chegar a dez. Mas não foi possível encontrar nem esses dez, e o castigo abateu-se sobre aquela cidade cujo pecado bradava aos céus.

Pouco antes, como relata a Bíblia, tinham sido enviados a Lot dois anjos para avisá-lo da iminência da destruição da cidade, e Lot hospedou-os em sua casa. Mas os habitantes assediaram o local, dispostos a submeter os recém-chegados à prática que fez tristemente famosos os sodomitas através dos séculos. Para dissuadi-los da sua obsessão, Lot ofereceu-lhes as suas duas filhas como reféns, mas eles não estavam interessados nessa espécie. E foi necessário que os mensageiros os ferissem de cegueira, a ponto de não poderem dar com a porta da casa para invadi-la, e terem de retirar-se às apalpadelas.

Pressionado pelos dois hóspedes, Lot abandona a cidade com a mulher e as filhas, e vai para a montanha a toda a pressa e "sem olhar para trás", tal como tinha sido avisado, ao contrário da sua esposa, que não resistiu à tentação de contemplar o incêndio de Sodoma e Gomorra e se converteu numa "estátua de sal".

Na gruta em que se refugiaram, as filhas de Lot, cujos prometidos tinham ficado nas cidades condenadas, pensaram que a raça dos esposos desaparecera com eles e, durante duas noites dedicaram-se a garantir descendência ao seu pai, depois de tê-lo feito beber vinho até que perdesse a consciência dos seus atos. As Escrituras condenam o incesto tão severamente como o vício de Sodoma, mas aqui contam-no e não o comentam, abstendo de fazer qualquer juízo moral. Trata-se do Livro da Vida tal como é.

E isto é precisamente o que torna difícil recusar o relato quando faz intervir figuras que nos são estranhas nos nossos dias e que já não sabemos reconhecer, como por exemplo os anjos, ou quando narra acontecimentos pouco frequentes, como por exemplo as aparições, que hoje se converteram em fenômenos pouco habituais, tanto que decidimos negá-las ou atribuí-las a causas patológicas, em perfeita contradição com o notável equilíbrio que os seus protagonistas demonstram.

Pois bem, na vida de Abraão o realismo mais prosaico e a irrupção divina alternam-se com tal naturalidade — se se pode chamar assim — que somos levados a aceitá-los conjuntamente, tanto mais que os acontecimentos e milagres são contados no mesmo tom de pacífica simplicidade por um livro extraordinário que não omite nada do que possa engrandecer os seus heróis, mas também não oculta nada do que possa empanar a sua imagem.

Vemos assim que Abraão nos parece um tanto timorato quando se protege por trás do seu parentesco com Sara para abandoná-la primeiro às mãos do Faraó, que é castigado pela sua cobiça, e depois às do rei Abimelec, que cai na mesma tentação e é imediatamente castigado, ele e todo o seu povo, com a esterilidade.

ABRAÃO

Também parece adoecer de uma singular falta de caráter quando, depois de ter obedecido a Sara, que lhe envia a sua serva Agar para que procrie o filho que ela não lhe podia dar, suporta, aparentemente sem protestar, as insolências da sua serva-amante e permite que a sua legítima esposa a maltrate, a ponto de fazê-la fugir para o deserto com o filho Ismael e depois ser definitivamente expulsa por decisão do Patriarca, que resiste a tudo, menos à sua esposa. Agar acaba por chegar ilesa ao Egito e é contemplada com uma bênção derivada que fará do seu filho o intrépido antepassado dos árabes. Também aqui não há nenhum comentário da Bíblia. A reprovação e a compaixão afloram nas entrelinhas, mas só nas entrelinhas.

As debilidades humanas não mudam de maneira nenhuma os desígnios de Deus: enquanto Abraão vive como pode, Deus atua como quer, e as graças continuam a chover. Numa visão noturna — antes da expulsão da serva —, Deus estabelece uma perpétua Aliança com o Patriarca e a sua descendência legal, que será "tão numerosa como as estrelas do céu" e que, enquanto não chegar essa espécie de explosão demográfica, nitidamente espiritual, contará com a promessa de uma terra cuja posse não será imediata nem estará livre de obstáculos. O sinal dessa Aliança será a circuncisão, e Abraão, que obedece instantaneamente, submete toda a sua casa a esse tipo de ratificação levemente cirúrgica.

A seguir, ocorre a famosa cena do vale dos carvalhos de Mambré. Enquanto descansa diante da sua tenda, Abraão vê de repente três inesperados visitantes, dos quais a Bíblia fala ora no singular, ora no plural, e sem esclarecer muito bem se se trata de três homens, de anjos ou de dois anjos e o próprio Deus.

O Patriarca acolhe-os com grande solicitude, serve-lhes uma refeição a que ele próprio assiste de pé, e é nessa altura que um dos visitantes, com o qual os outros dois parecem identificar-se, lhe anuncia que daí a um ano, por volta dessas mesmas datas, a sua mulher lhe dará um filho. Sara, por trás da porta da tenda, ouve a predição, ri de si para si e pensa: "Como é que, à minha idade, posso ainda gozar dos frutos do matrimônio, e Abraão é tão velho?" O hóspede que tinha falado diz a Abraão: "Por que a tua mulher ri para dentro pensando na sua idade? Porventura há alguma coisa impossível para Deus?" Cheia de temor, Sara protesta: "Não ri". "Sim, riste".

A criança nascerá no momento anunciado e será chamado Isaac, nome que em hebraico se associa à ideia do riso. Pois o júbilo ri muito melhor que o ceticismo.

Se, com efeito, nada é impossível para Deus, por que não curou Ele a mulher de Abraão da sua esterilidade quando ainda era jovem? A esta pergunta não há, evidentemente, senão uma resposta: era preciso que ficasse muito claro que o nascimento de Isaac era milagroso, que essa criança nasceria da vontade do próprio Deus, passando por cima de todos os decretos da natureza.

Este é um dos numerosos casos em que é impossível separar a história humana da história divina que a atravessa e que algumas vezes a modifica aos nossos próprios olhos. Mas nessa mesma linha há outro caso que já não inspira a alegria dos nascimentos inesperados, mas uma espécie de terror misturado com rebeldia: trata-se do episódio do "sacrifício de Isaac".

Abraão recebe do céu a ordem de sacrificar o seu filho ao Senhor. O Patriarca, que tentara tão engenhosamente salvar os insuportáveis sodomitas, não advoga pela sua própria causa,

ABRAÃO

e, sem dizer uma só palavra que nem remotamente se pareça com uma queixa ou uma objeção, prepara tudo para o sacrifício no Monte Moriá, tal como lhe tinha sido ordenado. Mas exatamente no instante em que já tinha a faca levantada sobre o filho, um anjo detém-lhe o braço e Deus coroa a sua obediência cumulando-o de bênçãos.

Esta cruel prova tem sido muito comentada. Viu-se na atitude de Abraão um exemplo de fé difícil de ser superada, bem como, na intervenção final do céu, uma maneira implícita de condenar os sacrifícios humanos, prática muito estendida naquela época.

Os Padres da Igreja estabeleceram um paralelismo entre o Monte Moriá e o Gólgota, e, assim como quiseram ver na misteriosa visita do bosque de Mambré uma espécie de aparição velada da Santíssima Trindade, assim, no sacrifício de Isaac, viram uma espécie de anúncio ou de parábola profética do sacrifício de Cristo. Mas nenhum anjo se interpôs no último segundo entre Jesus e os "sacrificadores", que só obedecem à razão de Estado.

O sacrifício de Isaac é o sacrifício de Cristo visto a partir do Pai, que talvez tivesse pretendido fazer-nos compreender, apelando para uma convulsão dos nossos sentimentos, quanto lhe custou a Paixão do seu Filho. Deste modo, somos impelidos a perguntar-nos — no meio das tempestades, das nossas andanças erráticas, das estranhas conjunções do céu e da terra nesta existência em que está presente o infinito — se Abraão não será uma imagem terrena do próprio Deus e (que Ele nos perdoe se vamos demasiado longe) como que a forma delegada de uma espécie de encarnação do Pai.

Sara morreu aos cento e vinte e sete anos. Abraão enterrou-a na gruta de Macpelá e viveu ainda quarenta anos, até expirar "numa ditosa velhice, em idade avançada, cheio de dias". Esteve muito perto de Deus sem nunca se afastar dos homens. Depois dele, o povo judeu atravessará quatro mil anos de história durante os quais se mistura, mas não se confunde com ela. Hoje, voltou à terra de Canaã, onde tudo começou e onde tudo terminará algum dia.

Como povo eleito para nos instruir sobre Deus, às vezes esse povo esquece a sua missão, mas não são os que nada saberiam sem ele quem pode permitir-se recordar-lhe o seu papel. Em qualquer caso, a descendência de Abraão é inumerável, pois dele surgiram as três grandes religiões monoteístas. Judeus, cristãos e muçulmanos reconhecem nele o seu antepassado comum. Só lhes falta cair na conta com maior frequência de que são irmãos.

Moisés

Moisés: talvez o maior homem que já existiu na terra, à parte Jesus Cristo, que é Deus.

Iniciou a sua vida pública aos oitenta anos, sob um céu tormentoso, apenas iluminado de tarde em tarde por um intermezzo pastoril de uma doçura sem amanhã. Fez de Israel um povo, depois de lhe ter revelado o nome do Senhor, e, desse povo, uma religião em marcha, apinhada em torno da sua lei como um exército em torno da sua bandeira.

A prodigiosa eloquência deste homem gago enche todo o Antigo Testamento com os seus esplendores e as suas cóleras, cujo fragor faz ecoar eternamente os seus trovões pelas montanhas e vales do Livro Sagrado.

Nasceu sob o signo da primeira perseguição antissemita registrada pela história, numa data, entre os séculos XV e XIII antes da era cristã, que ainda hoje permanece duvidosa.

Roma não era senão um débil amontoado de colinas desertas às margens do Tibre, e a Acrópole um terraço nu, uma espécie de escabelo junto do mar, disposto para um genial conjunto de representações que ainda não acontecera.

GRANDES PASTORES

A civilização seguia o curso de dois rios, o Nilo e o Eufrates, e começava a enxertar alguns frutos prometedores numa ilha do Mediterrâneo, Creta, inicial plataforma das artes, das leis e da técnica do mundo ocidental.

O Egito era então o modelo acabado daquelas sociedades antigas onde se combinavam harmoniosamente, para a frágil felicidade de uma minoria, uma excelsa inteligência religiosa inclinada para a magia, para o mais extremo refinamento dos sentidos, e a mais deslumbrante dureza nos costumes políticos. As magníficas estátuas dos túmulos do Nilo mostram à perfeição essa mistura de espiritualidade superior, rigor e sensualidade. Retas, com os braços caídos, essas estátuas avançam um pé como os granadeiros ingleses num desfile, e, sob o penteado em forma de crina estilizada, exibem um rosto que destaca na noite os seus traços geométricos de astro iluminado pelo estranho sorriso da morte.

Os judeus tinham sido paulatinamente atraídos para o Egito por causa da segurança que lhes oferecia o poder de José, filho de Jacó e Raquel, que, pela clarividência do seu espírito, se tinha convertido em primeiro-ministro do reino. Foram-lhes concedidas terras férteis em Gessém, entre o delta do Nilo e os Lagos Amargos (por onde passa atualmente o canal de Suez), uma província tranquila situada a uma razoável distância do centro do poder.

No decorrer de algumas gerações, o país encheu-se desses protegidos de José, que se iam multiplicando, até que um dia, segundo diz a Escritura, subiu ao trono "um rei que não tinha conhecido José" e que começou a olhar com maus olhos aquela exótica população. A partir daí, começaram as desgraças de

MOISÉS

Israel. As lanças egípcias voltaram subitamente as suas pontas contra aqueles a quem protegiam; o sol de Gessém, que se vinha pondo sobre uma paisagem idílica, passou a levantar-se sobre um campo de concentração: um povo ontem feliz observava hoje, cheio de assombro, os seus punhos acorrentados.

Mas depois de privá-los de liberdade — por medo, segundo disse, de que em caso de guerra se juntassem aos inimigos do Egito —, o rei caiu na conta de que os judeus eram uma vantajosíssima mão de obra. À degradação física seguiram-se os trabalhos forçados: foram destinados a fabricar tijolos, numa tarefa sem fim num país em perpétua luta contra os avanços do deserto e onde a grandeza de um reino se media pelo peso dos monumentos capazes de resistir à permanente conspiração das areias e dos ventos. Sob o estalo dos látegos, Israel pôs-se a fabricar tijolos, coisa que, entre o calor dos fornos e a canícula do sol, não o fez propriamente engordar.

Mas o homem difere dos animais selvagens ao menos numa coisa: o cativeiro não o impede de reproduzir-se. O povo de Israel continuou a multiplicar-se e o Faraó passou à segunda fase: o massacre às escondidas. As parteiras foram convidadas pelo palácio a dar morte às crianças do sexo masculino logo à nascença. Mas as mulheres esquivaram-se à sua missão mediante um hábil argumento: "As mulheres judias — disseram — são muito mais robustas que as egípcias, e, quando somos chamadas, já deram à luz".

Sem poder perpetrar secretamente o seu crime, o Faraó decidiu declará-lo obrigatório. Israel recebe a ordem oficial: todos os recém-nascidos do sexo masculino serão lançados ao rio. Moisés foi um deles.

GRANDES PASTORES

A mãe o manteve escondido durante três meses, mas, não podendo ocultá-lo por mais tempo, tomou uma cesta de junco, untou-a com betume e pez, como se fosse uma embarcação, encheu-a de palhas, reclinou nela o menino e, seguida pela sua filha pequena, depositou-a na margem do rio, entre os caniços. O destino de Israel flutuava na água, retido por um frágil feixe de juncos. A certa distância do lugar, a irmã da criança vigiava para ver o que iria acontecer. Nesse ínterim, a mãe, temendo denunciar o filho com a sua presença, mas incapaz de resignar-se a perdê-lo de vista, permanecia um pouco mais longe, à espera de um milagre.

Ora, a filha do Faraó desceu ao rio para se banhar, acompanhada pelas suas servas, e, vendo a cesta, mandou que a tirassem. Abriu-a e descobriu um bebê que chorava. Compadeceu-se e disse: "É um filho dos hebreus". Ao perceber que a princesa se comovera, a irmã pequena aproximou-se dela e, com um admirável senso de oportunidade, ofereceu-se para procurar entre as mulheres hebreias uma ama de leite para amamentar o menino. Não demorou a trazer a mãe, que foi contratada imediatamente.

A mulher amamentou o menino e, quando este cresceu, levou--o à princesa, que lhe deu o nome de Moisés, "porque — disse ela — salvei-o das águas". E tratou-o como filho.

A história só retém dois acontecimentos dos oitenta anos seguintes: um crime e um casamento.

Educado pelos melhores mestres, o filho adotivo da princesa converteu-se num personagem de considerável importância, mas o espírito de justiça — que a convivência com os grandes deste mundo não conseguira apagar do seu coração predestinado —

22

MOISÉS

levou-o a arriscar e perder de um só golpe todas as honras e benefícios da proteção real.

Vendo um dia como um egípcio maltratava um daqueles hebreus, seus irmãos, cujos sofrimentos lhe tinham sido ocultados até então, esperou por um momento em que estivesse a sós com o verdugo, matou-o e enterrou-o na areia. Julgava que ninguém o tinha visto, mas, no dia seguinte, ao querer separar dois hebreus que brigavam, ouviu do mais agressivo deles: "Quem te constituiu juiz sobre nós? Por acaso queres matar-me como mataste o egípcio?" Tendo caído na conta do erro que cometera, e certo de que o Faraó não tardaria a mandar capturá-lo para matá-lo, Moisés fugiu para a terra de Madiã, ao norte da península do Sinai.

Pouco depois, estava sentado à beira de um poço quando lhe apareceu outra ocasião de intervir fogosamente num novo tumulto, em que uns pastores extremamente rudes pretendiam impedir uma moças de tirar água. As moças eram filhas de Jetro, sacerdote de Madiã, depois convertido ao judaísmo, que, dentre elas, escolheu Séfora, cujo nome significa "pássaro", para esposa de Moisés.

Assim, a vida do gigante do Êxodo começa como um romance da Távola Redonda. O jovem herói pacificador de desavenças abandona o palácio real, percorre o mundo de lança em riste, vinga o oprimido, apoia o fraco, derruba o malvado e... casa-se com uma pastora.

A maciça estatura do depositário da Lei e a sublime dimensão do interlocutor de Deus ocultarão ao nosso olhar essa cavalheiresca entrada em cena. Em vez de a pastora se converter em princesa, é o príncipe que se converte em pastor.

Durante longos anos, Moisés terá nas terras de Madiã uma existência obscura, que tudo permite supor feliz e que faz pensar — devido à humildade da sua conduta e ao véu de intimidade que a rodeia — na vida oculta de Jesus na oficina de Nazaré.

Podem descortinar-se curiosas coincidências, aliás meramente formais, entre a vida do primeiro profeta de Israel e a do Messias. O leito de palhas, sobre o qual o Senhor entrou em contacto com este mundo inóspito, não deixa de evocar a cesta de juncos exposta à compaixão de quem passasse, sob o reinado de um Faraó (sem dúvida, Ramsés II) obcecado pela mesma febre construtora que, treze séculos mais tarde, se apossaria de Herodes o Grande. Na vida de Jesus e na vida de Moisés, um longo período de silêncio preludia as tempestades da vida pública, ilustrada em cada ocasião por prodígios inauditos. Jesus multiplica os pães, e os flocos de maná caem do céu à passagem de Moisés; este atravessa o Mar Vermelho como se fosse terra firme, e Jesus caminha sobre as águas. Ambos surgem no meio de um povo escravizado, ao qual mostram o caminho para um reino de salvação. Os dois dão uma lei ao povo judeu. Os dois aparecem circundados de luz no alto de uma montanha.

Mas as verdadeiras coincidências místicas escapam ao nosso olhar débil e o paralelismo histórico fica nas imagens. O sacrifício que se pede à mãe de Moisés será consumado em todo o seu horror pela Mãe de Cristo no Calvário. Quando chega a sua hora, Jesus deixa por autoridade própria a casa do seu pai adotivo, ao passo que Moisés é enviado e, como veremos, não sem resistência da sua parte. Os milagres de Cristo revelam a sua divindade; os de Moisés dão testemunho da onipotência de

MOISÉS

um Outro que não é ele. A lei do Sinai, destinada unicamente ao povo judeu, distingue este das demais nações, separa-o e imprime-lhe o selo de uma eleição coletiva. A lei do Evangelho dirige-se a todos os homens através do povo judeu e dá a cada ser humano que vem a este mundo o poder inaudito de participar da existência de Deus. A Terra Prometida é para o cristão uma prefiguração do Reino dos céus, e a sangrenta marcha dos hebreus em direção a Canaã — com a sua deslumbrante orquestração de heroísmos, cóleras, terríveis apostasias, arrependimentos e imensos perdões — anuncia a lenta aproximação ao reino da alegria sem fim por meio do sofrimento e do amor que se chamará vida cristã. Moisés lançou as bases da Bíblia, um poderoso trabalho de alvenaria sobre o qual se apoia para sempre a continuação dos textos sagrados. Jesus não escreveu nada, mas quando o último profeta colocou o último vitral na longa noite da espera, fez entrar a sua luz no edifício.

Ao sul da terra de Madiã, no maciço do Sinai, Deus revelou-se pela primeira vez ao pastor Moisés na crepitante labareda de um silvado cujos ramos não se consumiam sob as mordidas do fogo. Quando avançou para ver mais de perto aquele prodígio, Moisés ouviu uma voz que o chamava do centro da sarça como uma mãe chama um filho: "Moisés! Moisés!".

A voz que o tinha chamado intimava-o a exigir do Faraó a liberdade dos hebreus. O tempo de escravidão tinha terminado e chegava a hora de empreender, sob a guia do profeta, a grande viagem para a Terra Prometida, para o país de Canaã, "onde manavam leite e mel".

Mas Moisés resiste à chamada. A sua humildade opõe ao Eterno uma série de argumentos, um dos quais, o mais enternecedor,

se repete como um estribilho: é gago, e quem escutará um porta-
-voz que tem semelhante limitação?

Não sou homem de palavra fácil; enviai qualquer outro, Senhor, eu
vo-lo suplico. A minha língua sempre foi pesada, e não apenas agora,
pela emoção que experimento diante de Vós. Por acaso, Senhor, pode
um gago fazer de profeta?

Pode, sim! O gago será profeta, e de tal calibre que, segundo
nos dirá o Deuteronômio, não despontou em Israel ninguém
comparável a esse homem, a quem "Deus, no seu amor, escolhera
cara a cara". E para que dê fé da sua mensagem ao povo escravo,
Deus revela-lhe o seu nome: "Eu Sou".

Acompanhado pelo seu irmão Aarão e munido de um cajado
como símbolo de poderes sobrenaturais, Moisés vai à presença
do Faraó e pede-lhe a liberdade do povo de Israel. Mas o Faraó
responde a esse primeiro pedido aumentando as penas vexató-
rias: o Estado não subministrará a palha necessária para os judeus
fabricarem os tijolos e estes terão de procurá-la onde houver, mas
sem diminuir a produção.

Por nove vezes Moisés repete o pedido ao Faraó: "Deixa partir
o meu povo", e acompanha cada pedido com um prodígio, que,
no entanto, em várias ocasiões é reproduzido pelos feiticeiros
da corte, especialistas em jogos de magia. Sucessivamente, ante
as negativas do Faraó, as águas do Egito transformam-se em
sangue; uma invasão de rãs cobre o país e estende-se por casas e
palácios até chegar ao trono real; o pó do chão converte-se em
nuvens de mosquitos; enxames de moscas assediam os judeus e
não tocam nos hebreus; uma peste extermina exclusivamente o
gado egípcio; a população é subitamente corroída por úlceras;

MOISÉS

cai um granizo capaz de derrubar um cavalo de bronze; um dilúvio de gafanhotos precipita-se sobre o território e devora tudo o que não tinha sido destruído pelo granizo; três dias de trevas impenetráveis envolvem o país. Evidentemente, o racionalismo ateu não teve de fazer nenhum esforço para encontrar uma explicação natural para cada um desses milagres, bem como para todos os que Moisés realizaria mais tarde. Nada mais natural, dirão, que uma invasão de mosquitos, gafanhotos ou rãs num país calorento e pantanoso. Trevas? Se não foi um eclipse do sol, foi com certeza um efeito da areia que o vento do deserto transporta em nuvens tão densas que obscurecem a luz do astro. Quando o Mar Vermelho se abrir diante dos hebreus e se fechar sobre os seus perseguidores egípcios, dirão que foi consequência do vento do leste.

Com semelhante estado de ânimo, é preferível fechar a Bíblia a lê-la. Separada do sobrenatural, que a conduz, impulsiona e sustém de maneira visível ou invisível, a história do povo judeu perde todo o sentido, e o livro que a conta não passa de uma braçada de ramos secos caídos no meio da floresta.

A décima praga do Egito, a decisiva, foi também a mais terrível: todos os primogênitos dos egípcios morreram numa só noite, enquanto os judeus permaneciam em vigília, "a cintura cingida, os pés calçados, o cajado na mão", comendo "depressa e com temor" o cordeiro que cada família tinha de imolar, dispostos a partir ao primeiro sinal. Esta é a origem da Páscoa judaica, celebrada todos os anos em memória da saída do Egito.

Antes do amanhecer, os judeus puseram-se em marcha, sob o fúnebre olhar dos egípcios, que, da porta das suas casas enlutadas, os instigavam a apressar o passo. Agruparam-se em colunas, formando um imenso mar em torno de Moisés e Aarão. Seiscentos mil homens a pé, mais as mulheres e as crianças — diz a Escritura — iam adentrar-se pelos perigos do deserto, enquanto por trás deles decrescia pouco a pouco o surdo rumor do desespero.

Iniciava-se uma marcha, ou melhor, um purgatório, a meio do caminho entre o inferno dos tijolos e os prometidos deleites de Canaã, que duraria quarenta anos, mais ou menos o tempo necessário, segundo observam os comentaristas, para que uma geração partisse e a outra chegasse.

Mas quando a memória das nove cominações divinas se desvaneceu e o pranto derramado pelas vítimas da décima se deixou de ouvir, o Faraó, batendo na testa e chamando-se imbecil, viu no movimento daquela massa uma ocasião maravilhosa de recuperar a sua mão de obra barata. Mobilizou imediatamente os carros de combate para capturar os hebreus, que estavam encurralados num beco sem saída, com as tropas egípcias pelas costas e o mar pela frente, e devolvê-los aos fornos de tijolos, vazios desde que os deixara partir.

Precedidos por uma coluna de nuvens, escura de dia e brilhante de noite, para indicar-lhes o caminho, os israelitas ouviram de repente o estrondo do exército que se aproximava em sua perseguição. Aterrorizados, voltaram-se pela primeira vez contra Moisés: "Por acaso não havia no Egito cemitérios suficientes, para que nos trouxesses para morrer tão longe? Não tínhamos razão em dizer-te, quando nos falavas de liberdade, que era melhor a escravidão do que este fim miserável no deserto?" A imediata proximidade do mar negava-lhes toda a esperança de fuga.

MOISÉS

Foi então que Deus disse a Moisés: "Levanta a tua vara, estende a mão sobre o mar e fere-o, para que possais atravessá-lo a pé enxuto". Tinha caído a noite; os esquadrões egípcios deixavam descansar os cavalos, à espera de iniciarem na manhã seguinte o retorno dos cativos. Moisés levantou o cajado, estendeu a mão sobre o mar e, pouco antes de o sol nascer, todo o povo tinha passado para a outra margem entre duas muralhas líquidas levantadas à direita e à esquerda pelo "racionalista" vento do leste.

O exército egípcio lançou-se no encalço dos fugitivos, mas os carros afundaram-se na areia enlameada, os cavalos enlouqueceram e os dragões chicoteavam-nos no ventre, quando, a uma nova ordem do Senhor, as águas voltaram a juntar-se e sepultaram os perseguidores.

Do outro lado do Mar Vermelho, estendia-se o deserto. Um solo árido, salpicado de uma vegetação raquítica, onde o sofrimento causado pela fome e pela sede foi levantando novos tumultos contra Moisés, acalmados sucessivamente por outros milagres, entre eles a água que brotaria da rocha ferida pela vara do profeta, e uma multidão de famintos que veria todos os dias ao amanhecer, em torno do acampamento, um insólito orvalho: o maná, parecido com o grão de coentro, branco e com um agradável sabor de pão de mel. Esse alimento não faltaria nunca durante o resto da caminhada. Passados três meses após a saída do Egito, encontraram-se diante de uma massa de enormes blocos vermelhos e azuis: o Sinai.

Desde o dia em que ouvira a voz que o chamava através das sarças, Moisés não cessara praticamente nunca de manter-se em extraordinário colóquio com o Eterno, que falava com ele "como um amigo fala com o seu amigo" e que, como vimos, lhe tinha revelado o seu nome: "Eu sou aquele que é" (em hebraico *Yahvé*). Uma expressão de tal incandescência metafísica que, passados três mil anos, filósofos judeus e cristãos continuam a aquecer-se sob esse sol.

No cimo do Sinai, entre um fragor de trovões, Moisés recebe as tábuas da Lei, escritas pelo dedo de Deus: um conjunto de prescrições rituais, jurídicas e morais que regulamentavam o pacto, a aliança do Eterno com o povo escolhido por Ele. Não devemos falar aqui apenas de monoteísmo, mas de monolitismo: o de um só Deus a quem está unido um só povo por uma lei de fidelidade ao seu único amor e que, quanto ao resto, deve praticar a mansidão:

> O Eterno vosso Deus não faz distinção de pessoas, ouve o órfão e a viúva, ama o estrangeiro, garante-lhe o pão e o vestuário. Amai os estrangeiros, vós que fostes estrangeiros no país do Egito!... Quando ceifares o teu campo, se te caiu uma espiga, não voltes para recolhê-la: será para o estrangeiro, para o órfão e para a viúva, a fim de que o Senhor te abençoe em todas as obras das tuas mãos.

A consagração do povo judeu, que fará dele uma espécie de povo sacerdotal, data do Sinai.

Mas a predestinação não elimina a liberdade e em mais de uma ocasião veremos como o povo eleito fará mau uso das suas aptidões para o divino e se entregará, numa espécie de chantagem, à idolatria: realista como todos os místicos, sente-se urgido a colher os frutos da sua eleição.

Com efeito, a primeira cabeça que Moisés verá ao descer do Sinai será a de um bezerro de ouro que brilhava ao sol,

MOISÉS

solidamente assente nas suas quatro patas, e materializava a persistência dos maus hábitos adquiridos no Egito e um grande anelo popular de imobilismo religioso, unido a um grande desejo de comer carne animal, imbuído da viciosa teoria que incita os impacientes a servir-se de falsos deuses para obrigar o verdadeiro a aparecer. A cólera de Moisés foi terrível. Ao pé da montanha, despedaçou as tábuas que continham os mandamentos divinos, caiu como um raio sobre o boi da apostasia, esmagou-o até reduzi--lo a pó e, lançando-a à água, e obrigou os israelitas a tragá-la. Entretanto, Aarão, sentindo o peso do seu erro por se ter prestado por fraqueza à infidelidade de Israel, desculpava-se como uma criança apanhada com o dedo no pote de marmelada: "Não sei o que aconteceu. Tu não estavas aqui, trouxeram-me ouro, meti-o nesta grande caldeira e dela surgiu o bezerro".

Naquelas terríveis jornadas em que correu sangue, aparece a figura clássica do Moisés imperioso, condutor de homens, cujo poder interior levará até o limite do esplendor o mármore de Michelangelo.

Os quarenta anos que durou o êxodo continuaram semeados dos mesmos combates contra o desânimo, dos mesmos atos de adoração fraudulenta perdoados por Deus por intercessão do profeta, e dos mesmos violentos regressos à santidade da Lei, tesouro supremo encerrado na sua arca de madeira e transportado de etapa em etapa na caminhada em direção às longínquas terras da felicidade.

Apesar da sua impressionante familiaridade com o céu, o próprio Moisés experimenta por um segundo a angústia da dúvida: nas terras secas de Meribá, e tendo diante de si as ameaçadoras doze tribos que lhe reclamavam água, o profeta, por ordem de Deus, fere com a sua vara a rocha para que brote dela um manancial. Mas, em vez de feri-la uma vez, fere-a duas: por um imperceptível instante, a sua fé vacilou e esse desfalecimento público fechar-lhe-á as portas da Terra Prometida, que, aliás, durante longos anos não sairá do terreno da esperança.

Israel permanece trinta anos sob as palmeiras do oásis de Qadesh: enfraquecido pelos tormentos do deserto, aferra-se àquela mancha de verdor e resiste a deixá-la. Foi possivelmente durante essa prolongada permanência que Moisés escreveu os textos sagrados que a tradição lhe atribui e que constituem a maior parte dos cinco primeiros livros do Antigo Testamento: o Pentateuco.

No meio das batalhas defensivas contra os beduínos, das deploráveis incursões pelas populações vizinhas e dos pouquíssimos avanços em direção a Canaã, Moisés é o chefe de Estado, o juiz das doze tribos, o grande sacerdote, o legislador e o general, sem que — apesar de falar com Deus face a face e de ser seu instrumento para operar prodígios nunca vistos — perdesse nada da sua profunda humildade e mansidão, raiz de todas as suas virtudes, louvadas pela Escritura após a sua morte.

Fora sob a sua benéfica autoridade que a multidão dos israelitas se organizava para sair do Egito, e foi entre lutas morais e batalhas campais que se converteu numa nação, rejuvenescida pelas novas gerações do Êxodo, acabando por arrancar-se à fascinação de Qadesh e por depositar um dia a arca santa no cimo do Monte Nemo: era já um povo forte que conseguira por fim, nos confins da planície da Transjordânia, ter à vista a terra em que Moisés não entraria.

MOISÉS

O Patriarca tinha então cento e vinte anos, cumprira a sua missão e chegava ao termo da sua vida aqui em baixo. "A sua vista não se tinha enfraquecido, as suas forças estavam intactas", e, no entanto, sabia que não iria mais longe: a falta de fé a que cedera por um instante em Meribá retinha-o nos umbrais de Canaã. Mas o que lhe tinha sido prometido não eram os bens deste mundo, e a amizade de Deus esperava por ele para consolá-lo com a sua justiça.

Enquanto Israel contemplava deslumbrado as planícies de Jericó, "Moisés, o servo de Yahvé, morreu ali, no país de Moab, por vontade do Eterno. Foi enterrado no vale, e até hoje ninguém soube onde está o seu sepulcro. Os filhos de Israel choraram-no durante trinta dias" antes de se dirigirem para o Jordão, com o luto e a alegria misturados nos seus corações, acompanhados para sempre pela grande sombra inquieta e fraterna da qual a história nunca mais os separaria.

A pujante inteireza de caráter e o exorbitante esbanjamento de energia que requer governar um povo fugitivo entre os terrores e os sofrimentos do deserto, puderam sugerir aos historiadores (e a Winston Churchill) que traçassem o perfil de Moisés como chefe guerreiro e "ditador inspirado". Mas toda a força do profeta provinha da sua fé em Deus, a quem dava passagem desaparecendo. Às portas de Canaã, Israel não chorava nem um déspota ilustrado nem um general infalível.

Aquele conquistador era um homem bondoso e compassivo; aquele chefe era mais humilde que o mais humilde dos seus companheiros de caminhada. No meio do fulgurante estralejar das armas, e mesmo sob a tormenta dos anátemas, a sua vida estremece sob o sopro de uma imensa misericórdia que vem

GRANDES PASTORES

do além e cujo acento os homens reconhecerão nas palavras de outro amor — o mesmo amor — desprezado, expirando na cruz erguida sobre uma colina de Jerusalém.

Jesus Cristo

Augusto reinava em Roma e Roma no mundo. Nem antes nem depois cidade ou nação alguma a igualou em poderio: constituiu sozinha uma imensa nação.

Os gigantes do nosso tempo, como os Estados Unidos da América, devem o poder que exercem sobre metade do mundo ao triplo motivo da sua extensão territorial, das suas riquezas naturais e da sua população. Nasceram com o tamanho e o físico de um império.

Roma era apenas uma gleba de terras de má qualidade sobre uma colina de trinta e cinco metros, unida por um rio lodoso que corre para uma parte do litoral mediterrâneo, sem passado e sem futuro. Roma não deveu o seu império a nenhum dos elementos materiais que formam as modernas potências, mas a quatro virtudes, aliás praticadas de modo desigual: a prudência, a justiça, a fortaleza ou força e a temperança, assim batizadas mais tarde e convertidas com esse mesmo nome nas virtudes cardeais da moral cristã.

O prestígio da América continua a ser grande, a força da Rússia chegou a ser impressionante. No entanto, foi possível prender um americano por trás da Cortina de Ferro ou laçar um russo em Nova York sem que isso desse lugar a mais do que uma troca de notas diplomáticas sumamente pessimistas sobre a possibilidade de libertá-los. Mas quando se apanha um São Paulo em flagrante delito de agitação religiosa numa pequena cidade da Ásia Menor, basta que o prisioneiro invoque a sua condição de cidadão romano para que a máquina judicial que se dispunha a esmagá-lo se detenha imediatamente e a magistratura local se torne subitamente respeitosa e assuma gastos consideráveis para enviar o réu a Roma, a milhares de quilômetros de distância, e pô-lo sob a jurisdição correspondente à sua dignidade.

Os nossos gigantescos Estados fazem-se temer; a cidade de César fazia-se respeitar. A ordem, o direito, os bens da civilização, a paz, tudo isso se resumia numa só palavra: Roma. Pelas ruas da cidade imperial, conversava-se sobre os mesmos assuntos de que hoje se fala em qualquer cidade europeia: falava-se de política, das províncias anexadas, do preço da manteiga, dos teatros, das corridas de cavalos...

Os romanos iam aos seus negócios, parecidos aos nossos e submetidos às regras de um sistema comercial e jurídico análogo ao atual, embora com menos papelada. As mulheres, formosas e ataviadas com um toucado de complicados véus, passeavam entregando-se às pequenas ostentações do luxo ou a bate-papos sob as arcadas dos edifícios de sete andares de aspecto muito diferente daquele que a imaginação forja ao contemplar as suas ruínas, outrora revestidas de mármore.

As sete colinas — com as cúpulas de ouro dos templos que brilhavam ao sol, com os seus milhares de fontes, as suas residências de patrícios cercadas de extensos jardins e ameaçadas

JESUS CRISTO

pela onda crescente das casas populares que iam ganhando em altura o que o preço dos terrenos lhes negava em extensão — abrigavam uma imensa multidão cosmopolita que afluía do mercado ao foro, do foro aos anfiteatros, caminhando entre liteiras e animais exóticos por ruas estreitíssimas. De um ponto do foro assinalado por um marco de bronze dourado, partiam para além das portas da cidade as diversas *vias,* pavimentadas com lousas sonoras perfeitamente ajustadas, que cruzavam os campos e atingiam os limites do Império; uma delas levava diretamente ao Cáucaso.

A civilização tinha alcançado esse grau de refinamento a partir do qual só é possível a decadência. Tinha-se visto tudo e julgava-se saber tudo. Com Platão e Aristóteles, a inteligência tinha-se elevado até cumes insuperáveis. Desde quinhentos anos atrás, o Partenon dava a sua eterna lição de harmonia. A escultura tivera Fídias, as ciências físicas e matemáticas Arquimedes e Pitágoras, a arte da guerra Alexandre, Aníbal e César. A poesia chamava-se Homero e falava-se do último Virgílio como se fala do último romance. Vivia-se com essa exata mescla de delicadeza e crueldade própria da sensualidade refinada, num leito de rosas junto de um leito de brasas, com um infinito respeito pelos mortos e um respeito um tanto parco pelos vivos, passando alegremente da capela sentimental da Boa Deusa da castidade para os delírios do circo.

Roma concentrava todos os bens, todos os homens e também todos os deuses sob o teto dos seus templos e no anel de pedra dos seus monumentos. Nenhuma cidade como Roma esteve tão povoada de personagens sobrenaturais esculpidos em mármore, marfim e ouro, desde os deuses do Olimpo até às divindades das encruzilhadas dos caminhos, aos deuses da cidade, da casa e da lâmpada: para as promessas, Fides; para os afazeres domésticos, Viriplaca. Acolheram-se também os ídolos do Norte e do Sul, os asiáticos e os africanos, introduzidos pelas embaixadas na capital do mundo e ocultando na noite dos templos as suas cabeças de pássaro ou os seus barretes com cornos.

Foi no preciso momento em que parecia materialmente impossível abrir espaço a um novo deus num empíreo nacional ultrapovoado, que apareceu nos lindes de um longínquo deserto um Menino que varreria todos os deuses, que sobreviveria a todos os impérios e reinaria para sempre nos espíritos. Enquanto Roma era o centro de todos os olhares, Deus nascia no mais pobre lugar da mais abandonada das províncias. Enquanto um Octávio divinizado trocava o seu nome pelo de Augusto, Deus ocultava o seu sob o nome de Jesus e dava o seu endereço: Belém de Judá, com os seus três mil habitantes, seis dezenas de olivais, umas poucas casas sobre uma terra avermelhada, e uma gruta na rocha à saída da aldeia.

Os historiadores afirmam que o acontecimento era obscuramente esperado pelos povos da Antiguidade, e citam com naturalidade a passagem da IV Écloga de Virgílio em que se fala de um menino que devia salvar o mundo. Os profetas de Israel tinham-no anunciado incansavelmente, mas viam o futuro sem perspectiva espacial e temporal, sobrepondo as imagens do futuro no campo da sua visão como cenas fotográficas num mesmo negativo. Episódios históricos e personagens, às vezes separados por vários séculos de distância, eram assim projetados simultaneamente sobre um só plano e compunham uma série de quadros fantásticos que desafiam a exegese.

JESUS CRISTO

Se num mesmo negativo se fotografa pela manhã um urso do zoológico, pela tarde um pescador do Mame, e no dia seguinte uma águia dolomítica, pode acontecer que, ao revelá-lo, se obtenha uma imagem de um urso voando com uma vara de pescar ao ombro numa paisagem apocalíptica. Sem querermos faltar ao respeito, os anúncios proféticos tinham um pouco desse aspecto desconcertante, e, para se obterem deles indicações precisas sobre a data, o lugar e as circunstâncias do advento do Messias, teriam sido precisos espíritos poderosos, dotados da prudência de um filatelista que descola selos raros, e que são capazes de separar umas das outras as imagens transparentes e sobrepostas das Escrituras.

Na ausência desse trabalho infinitamente delicado, os "dias do Messias" significavam que o povo judeu receberia essencialmente duas coisas: o fim da opressão romana, que acabava de traduzir-se na redução da Judeia a uma província do Império; e uma nova distribuição de terras que proporcionaria a cada um três parcelas: uma nas alturas, onde o clima é bom no verão; outra na planície de Jaffa, hoje ocupada pelos israelitas; e a terceira no vale do Jordão. O Messias seria uma espécie de rei vitorioso, invencível, que esmagaria os soberanos indignos, expulsaria os réprobos e daria aos eleitos tudo o que um coração por trás das grades pode desejar: a liberdade e um pouco de terra para viver e para morrer. A promessa que o povo extraía esperançoso da Escritura era, pois, a encarnação não já de Deus, mas do seu Reino. É preciso mencionar que na época de Augusto o judaísmo não tinha profetas.

A Palestina, desprezada pelo Império e assolada por generais ávidos de conquistas, não era senão um campo de tristeza, onde um povo subjugado experimentava a amargura de sentir-se exilado em sua própria casa e vivia sob o olhar desconfiado dos funcionários romanos. Ansiava pela libertação e pelo banquete perpétuo, que são o sonho comum a todos os presos. Mas era dessa terra e desse povo que deveria surgir a fonte de toda a liberdade e bem-estar.

Os jornalistas daquela época (adornados nos nossos manuais com o título de "historiadores" e reverenciados até extremos que os nossos grandes repórteres perderam a esperança de alcançar) teriam estranhado muitíssimo e de maneira nenhuma se deixariam convencer se lhes disséssemos que o personagem mais importante daquela época não era Tibério; que o glorioso Herodes não passava de uma débil criatura comparado com o modesto cobrador de impostos em Cafarnaum que se chamava Mateus; que o essencial da vida deste mundo não se elucidava no Capitólio, mas por detrás de uma colina da Galileia; em suma, que os personagens verdadeiramente importantes remendavam as suas redes nas margens do lago de Tiberíades ou faziam um fritura de gafanhotos nas margens do Jordão: nos anais divinos escrevia-se já em letras de ouro o nome de São João Batista.

Com efeito, perto da argilosa desembocadura do Jordão, um homem hirsuto, com o corpo coberto por uma pele de cabra, alimentava-se de mel silvestre e gafanhotos (nós gostamos de comer caracóis) e clamava com dureza contra o estado dos costumes e da religião. Chamava-se João e, como tinha adquirido o costume de mergulhar os seus visitantes na água, tinha sido apodado de "o Batista". Era claramente o primeiro profeta que se manifestava em Israel depois de quatro séculos.

JESUS CRISTO

O eco da sua voz poderosa chegava até Jerusalém, onde os doutores da lei judaica, repentinamente sobressaltados, se perguntavam se aquele que vociferava no Jordão não seria, por fim, o portador das notícias divinas que se esperavam há tanto tempo ou mesmo o próprio Messias em pessoa. Enviam-lhe uma delegação para que responda a três pontos:

– És tu o Messias? Responde sim ou não.
– Se não és, em nome de quem falas?
– Se és, por que esperas aqui entre canaviais?

João Batista responde: "Eu sou a voz que clama no deserto". E, com uma maravilhosa humildade, acrescenta umas palavras que ainda hoje ressoam como as três pancadas de aldrava da mais maravilhosa história da História: "Eu batizo com água, mas vem alguém que batizará no Espírito Santo e em fogo. Aquele que vem depois de mim é mais poderoso que eu. Eu não sou digno nem sequer de desatar a correia das suas sandálias".

E eis que esse "alguém" desce da Galileia, como um raio de graça e frescor, e vem por sua vez receber o batismo de água: Cristo Jesus.

Nascido em Belém, entre as aclamações dos anjos da paz, passou trinta anos ocupado em auxiliar o carpinteiro José, seu pai adotivo, nas modestas tarefas dos artesãos de Nazaré. Não sabemos quase nada dessa sua existência oculta, na qual certos espíritos místicos julgam ver um particular presente feito à sua mãe em previsão do terrível sacrifício que se exigiria dela na Sexta-Feira Santa. A corrente sobrenatural que iluminava a noite de Natal detém-se, pelo menos aos nossos olhos, até o instante em que Jesus, levantando-se na sinagoga de Nazaré para ler publicamente os textos sagrados, escolhe esta passagem de Isaías:

> O Espírito do Senhor está sobre mim, porque me ungiu. Enviou-me para evangelizar os pobres, para pregar aos cativos a redenção e devolver a vista aos cegos, para pôr em liberdade os oprimidos, para anunciar o ano da graça do Senhor.

Depois de fechar o livro e passá-lo ao ajudante — diz São Lucas —, sentou-se; todos tinham os olhos fixos nele. Então disse-lhes: "Hoje cumpriu-se este oráculo que acabais de ouvir".

A partir desse dia, o Evangelho projeta-se sobre o mundo e dá início à revolução mais formidável de todos os tempos, afastada dos címbalos e das trombetas romanas, ao chamamento ainda imperceptível de uma voz parecida com o longínquo trinado de um violino.

Em três anos, com umas frases lançadas ao vento das colinas da Galileia e assinadas pela cruz no Calvário (a Cruz é a assinatura dos humildes), o carpinteiro de Nazaré vai mudar para sempre a face do universo.

Os templos vão desabar um após outro sobre os seus ídolos secularizados. Uma brisa mágica esvazia dos seus suspeitos habitantes os bosques sagrados, os campos e as águas. Os deuses, encarapitados em todos os cantos das casas, desaparecem. Os homens, cujo dono morava no Olimpo e estava armado com o trovão e o látego, terão nos céus um pai que se inclina sobre eles e os perdoa. Era admirada a força; agora reverenciar-se-á a debilidade. Incensava-se a riqueza; agora lavar-se-ão os pés ao pobre.

A tradicional hierarquia de valores vai fazer oscilar de repente o poder e a glória do mundo e, empurrando-os para o patamar

JESUS CRISTO

mais baixo da escala, elevar a misericórdia ao mais alto. Era preciso ser um gênio para inventar uma sabedoria; agora bastará um pouco de sabedoria colhida do catecismo para mostrar, sem a menor dúvida, mais gênio que Sócrates e ter um conhecimento muito mais amplo sobre o destino humano do que o proporcionado pela deslumbrante inteligência grega.

A moral deixará de ser um minucioso código de prescrições civis e militares para converter-se no que é na verdade: uma maneira de ganhar a amizade da natureza, dos homens e de Deus. Desenganados, os antigos *habitués* do circo abrir-se-ão à piedade nas arenas empapadas do sangue dos cristãos e compreenderão finalmente o preço das lágrimas.

Aparece Jesus e a terrível solidão da almas chega ao seu fim. Uma pessoa audaz que hoje pretendesse fundar uma religião começaria, sem dúvida, por procurar o modo mais eficaz e mais rápido de expandir a sua doutrina, sem deixar escapar nenhum meio de propaganda nem de difusão. Nada disso aconteceu com o fundador do cristianismo. O Evangelho é o triunfo de boca em boca, e a nova religião vai-se fazendo como que ao acaso, durante uns passeios pelas amáveis paisagens da Galileia.

A adesão dos Apóstolos opera-se de improviso, mediante um fenômeno de imantação cuja irresistível surpresa implica a onipotente intervenção da graça. Os dois primeiros, João e André, são escolhidos nas margens do Jordão, pouco depois do batismo de Cristo. Ao ouvirem João Batista sussurrar quando Jesus passa: "Eis o Cordeiro de Deus", começam a segui-lo, até que o Senhor se volta e lhes pergunta: "Que quereis?" Tomados de surpresa, os dois dão uma resposta absurda e comovente, que poderíamos traduzir assim: "Gostaríamos de saber onde moras..." Disse-lhes:

"Vinde e vede". E já não o deixaram. Não houve nem discursos, nem diálogo, nem milagres, nem qualquer outra manifestação de poder sobrenatural. Bastou um olhar.

Foi o mesmo olhar que um dia se deteria sobre Simão Pedro e o seu irmão, enquanto pescavam no lago de Tiberíades. Ao passar, Jesus grita-lhes: "Segui-me. Farei de vós pescadores de homens". Deixam ato contínuo as suas redes (seus instrumentos de trabalho, toda a sua fortuna) e seguem-no sem pedir nenhuma explicação. Encerrou-se o defeso da pesca de homens, e isso é tudo.

Um pouco mais longe, em Cafarnaum, um funcionário cobrador de impostos, sentado à sua banca, examina as contas do dinheiro que arrecadou. Jesus chega e diz-lhe: "Segue-me". Parece um sonho, mas o homem, sem vacilar, fecha tranquilamente o seu caderno, levanta-se e, abandonando as escrituras pela Escritura, entra na história com o nome de São Mateus, o evangelista.

No caso de Natanael, não é muito mais difícil. Quando o seu amigo Filipe vem e lhe diz: "Encontrei Aquele de quem falam Moisés e os profetas: é Jesus, o filho de José de Nazaré", Natanael encolhe os ombros e replica, aludindo à má fama da cidade: "De Nazaré pode sair alguma coisa boa?" Mas, apesar de tudo, deixa que o amigo o leve a Jesus, onde o espera a mais bela surpresa da sua vida. Vendo-o na defensiva, Jesus dirige-lhe uma dessas pequenas frases misteriosas que recordam as "mensagens pessoais" que se enviavam de Londres por rádio durante a última guerra: "Natanael — diz-lhe —, quando estavas debaixo da figueira, eu te vi". Nunca saberemos que segredo encerram estas palavras, mas obtêm um efeito fulminante e o incrédulo, estupefato, balbucia: "Tu és o Filho de Deus".

JESUS CRISTO

Responde-lhe Jesus: "Porque te disse que te vi debaixo da figueira, crês? Verá coisas muito maiores". Com efeito, verá como os milagres se multiplicam nas margens do lago de Tiberíades, em ritmo de fogos de artifícios, para grande alegria dos enfermos, esperança dos fiéis e desgosto dos críticos racionalistas do futuro, que prefeririam um Evangelho sem milagres, anunciado por um Cristo sem divindade a uns humanos sem religião.

E nós, que contemplamos as cenas evangélicas através de dois mil anos de história, vemos coisas ainda mais extraordinárias do que as que viu Natanael: vemos como as palavras que se confiaram a um punhado de pescadores nos escarpados caminhos de um país desconhecido se espalham através dos séculos por toda a superfície da terra, constituindo um fundo comum de toda a moral universal, como um conjunto de prenúncios que se realizavam ao pé da letra com uma infalível exatidão.

Quando Jesus, cansado das incompreensões obstinadas de Corozaim, Betsaida e Cafarnaum, lança sobre essas cidades a sua terrível maldição, a ameaçadora profecia cumpre-se com total precisão. É impossível encontrar o rasto de Corozaim e Betsaida: desapareceram tão completamente que os mais imaginativos arqueólogos ainda não conseguiram averiguar onde se localizavam. E Cafarnaum afundou-se na terra e dela só restam um muro da sinagoga, um punhado de ruínas aqui e acolá, umas fileiras de pedras ao nível do chão: "Serás rebaixada até os infernos"; os viajantes que outrora levantavam os olhos para as torres e os terraços, as ameias e os balcões floridos, hoje procuram a cidade debaixo dos pés.

Outra frase de prodigiosa eficácia foi o famoso jogo de palavras: "Tu és Pedro e sobre esta pedra edificarei a minha Igreja", pronunciado nas margens do lago, num cenário provençal de pinheiros de sombra e de águas de tinta azul mais proclive à sesta do que à propaganda. Nós, que conhecemos a continuação da história, contemplamos (penso que com surpresa) como as colunas se acrescentam umas às outras e os pináculos às cúpulas, para formarem o imenso edifício religioso que contém atualmente mais de um bilhão de cristãos. O jogo de palavras que deu origem a essa fundação lê-se em letras de ouro de dois metros de altura na cúpula da Basílica de São Pedro, que se ergue exatamente — segundo se julga saber hoje — sobre o túmulo do Apóstolo. O altar-mor foi construído na vertical de um sepulcro de pedra coberto de telhas (assim era a sepultura dos pobres), escondido num ângulo de um cemitério onde se descobriram panteões ricamente decorados sob a cripta e as escavações da época de Constantino que suportam os magníficos pavimentos do mais volumoso conjunto de pedras da cristandade.

O Evangelho possui o segredo e, provavelmente, o mais alto índice de eficiência. Quando, por exemplo, lemos perto do final do texto sagrado que o Espírito (Aquele que virá depois da Ascensão de Cristo para concluir a sua obra) "convencerá o mundo a respeito do pecado", nem sempre reparamos até que ponto o mundo está efetivamente convencido. Não somente os católicos, os ortodoxos, os protestantes e as diferentes seitas que se dizem cristãs, mas de Leste a Oeste, de Norte a Sul, os povos de toda a terra priorizam em maior ou menor medida a ordem cristã dos valores morais. Nos seus pronunciamentos políticos, o pandit Nehru citou com maior frequência Jesus Cristo que Buda, e os próprios regimes totalitários, com todo o cuidado que põem em mentir, se mostram à sua maneira tão bem-informados

JESUS CRISTO

como os outros sobre a natureza do bem e do mal. As ideias filosóficas e morais da nossa época são bastante confusas, mas ninguém discute a absoluta primazia da caridade, estabelecida sob a moção divina por um grupo de pescadores galileus há dois mil anos. E se a caridade é universalmente reconhecida como a maior de todas as virtudes, os degraus que descem dela indicam *ipso facto* a direção do pecado.

As parábolas não fazem parte do gênero profético, e, no entanto, a História ensina que também elas têm a propriedade de cumprir-se nos seus mínimos detalhes.

O reino dos céus — disse Jesus um dia — é semelhante a um grão de mostarda que se semeia num campo. É a menor de todas as sementes, mas, quando cresce, ultrapassa em altura todas as plantas do jardim, converte-se numa grande árvore e os pássaros do céu abrigam-se sob os seus ramos.

Como não evocar, para além desta imagem, o imenso bosque das nossas catedrais, surgidas do imperceptível grão da fé, com as suas nervuras e as suas folhas de pedra que crescem e se tornam mais altas que as árvores do jardim, com todos os santos do paraíso nos nichos dos seus pórticos, à maneira dos pássaros do céu? Mas por que estranhar, se também se disse que as próprias pedras dariam testemunho?

Não há dúvida de que, tal como observaram até os comentaristas mais frios, Jesus congregou os seus primeiros discípulos com a graça divina da sua pessoa. Estão tão felizes de sentar-se junto dEle que não o interrogam sobre nenhuma dessas questões que nos queimam os lábios: sobre a vida e a morte, o sofrimento, o além. Dir-se-ia que os ouvimos suspirar de satisfação na sua presença, que é a resposta a todas as perguntas e transforma os curiosos e os inquietos em contemplativos.

O fausto gênio das parábolas e o seu inesgotável depósito de verdades explicam em parte a expansão da doutrina, e o homem dotado de fé encontra a razão de tudo o mais na natureza divina de Cristo, assim como o homem sem fé a encontra na natureza diabólica da religião. Mas se Jesus ganhou as almas pela nobreza da sua doutrina, pela incomparável pureza do seu exemplo ("Quem de vós me acusará de pecado?") e pelo surpreendente caráter de uma Revelação que fazia o céu abaixar-se até tocar a terra para pôr os impérios da sabedoria e da alegria nas mãos estendidas das crianças, foi pela subida ao Calvário, pela coroa de espinhos e pela Cruz que abriu o coração dos homens, onde a sua entrada se identifica com a esperança.

Tinha trinta e três anos. Havia apenas três que ensinava publicamente quando, numa noite de primavera, as tochas dos soldados, guiados por Judas, penetraram no Horto das Oliveiras e iluminaram o rosto da caridade que os esperava na sombra, imóvel, com a fronte perlada de suor de sangue.

A breve trajetória de Jesus neste mundo encerrar-se-á no dia seguinte numa colina de Jerusalém, depois de ter iluminado à sua passagem as atentas figuras dos Apóstolos, a alma maravilhada de Maria Madalena, a branca figura de Lázaro, o ressuscitado. E, com eles, uma multidão de pessoas que, por razões opostas, são paradigmáticas e cujas respectivas atitudes pudemos captar no momento em que a luz as surpreendia.

É o fariseu empertigado na sua virtude, que dá graças ao céu por ser melhor que os outros homens. É o publicano que, consciente da sua indignidade, não se atreve a levantar os olhos

JESUS CRISTO

do chão do templo. É o bom samaritano que socorre à beira do caminho esse famoso próximo tão difícil de reconhecer na vida de todos os dias. É o centurião de Cafarnaum, que pede um milagre e dá provas de uma fé admirada pelo próprio Jesus: "Senhor, não sou digno de que entres em minha casa, mas diz uma só palavra e o meu servo será curado". É a mulher apanhada em adultério que espera a sentença de lapidação e, com o coração anelante, vê como os seus juízes largam as pedras e se retiram em silêncio depois de ouvirem Jesus dizer-lhes: "Quem estiver livre de pecado que atire a primeira pedra". São os que se deixaram enredar nas ciladas do poder e nos ouropéis da ambição, como Pilatos com a sua bacia, que será modelo de todos esses homens de governo que talvez fossem bons se o temor de desagradar a opinião pública não os fizesse ser malvados.

O cenário da Paixão mal sofreu mudanças. A leste dos montes de Judá, mais áridos que nunca, Jerusalém continua a levantar a sua muralha de ouro diante do Monte das Oliveiras, sobre o poeirento leito do Cédron, salpicado de uma espécie de farinha sepulcral. Pelo lado norte, fora do recinto, uma antiga ruazinha sobe em degraus a colina de Sião. É um dos lugares mais santos e menos frequentados de Jerusalém.

Essa escadaria de pedra, com as suas bordas afundadas na terra, conserva a memória dos passos de Jesus e indica o itinerário do seu sofrimento, que passa pela mansão do sumo sacerdote, pelo palácio de Herodes e pela fortaleza de Pilatos, onde os soldados decidem divertir-se um bom tempo à custa do réu, prévia e regulamentarmente flagelado, pondo-lhe na mão um cetro de cana e, na cabeça, uma coroa de espinhos para troçar dele e para, finalmente, conduzi-lo aos empurrões ao lugar do suplício, sob uma abóbada de gritos, risos e soluços.

Jesus morre na cruz às três da tarde, diante da sua Mãe, de Maria Madalena, de um só discípulo, João, e de alguns soldados (que jogam as suas roupas aos dados). Tem os braços estendidos sobre uma humanidade à qual tinha ensinado a doçura e trazido o perdão.

Os cristãos sabem que Ele ressuscitou ao terceiro dia. Sabem também que o mistério central da História e do seu próprio destino se cumpriu ali, naquela sombria colina onde, sem termos consciência disso, já estávamos presentes. Todos. Pois não há absolutamente ninguém que, no mais profundo do seu coração, não tenha sido tocado pelas palavras do Evangelho.

Paulo

A coluna avançava pelo deserto da Síria sob um véu de poeira quebrado de vez em quando pelo breve cintilar de uma espada ou de um escudo. Era quase meio-dia. O sol aproximava-se do seu ponto álgido de irradiação e Damasco, cofre de nácar sob um manto de verdor, cintilava ao longe num vapor de oásis requentado.

À cabeça do grupo, um homem jovem, de traços prematuramente endurecidos, caminhava em silêncio com os olhos fixos na cidade à qual o levavam propósitos de prisão e morte.

Seu nome era Saulo. Munido dos mais amplos poderes policiais, ia para destruir a comunidade cristã de Damasco em nome do Sinédrio. Levava enroladas num estojo de couro "as cartas do Grande Conselho judeu que davam fé da sua condição de inquisidor da Lei, encarregado de prender todos os adeptos do "Caminho" (assim eram chamados os cristãos), homens ou mulheres, e de conduzi-los acorrentados a Jerusalém.

Jesus tinha morrido fazia vários anos, deixando à volta das testemunhas da sua Ressurreição grupos de discípulos relativamente numerosos e tão convencidos e fervorosos que davam motivo para atrair a perseguição. Os Apóstolos percorriam os arredores de Jerusalém, e, com a palavra, o exemplo da sua fé e, se era preciso, com milagres, iam ganhando para Cristo milhares de corações. Era a época em que o mago Simão, superado em prodígios por São Pedro, tal como os magos do Faraó o tinham sido por Moisés, propunha resolutamente aos Apóstolos que lhe vendessem os seus poderes sobrenaturais. Filipe alcançava na estrada de Gaza o carro bamboleante do poderoso eunuco ministro da rainha da Etiópia, convertia-o no trajeto e ali o deixava, atônito, feliz, depois de tê-lo batizado no primeiro curso de águas do caminho.

Persuadidos de que era iminente o fim do mundo, os discípulos que tinham posses vendiam os seus bens, repartiam com os mais pobres o produto da venda e viviam um coletivismo espontâneo, fraternal, nascido de uma grande esperança e de um grande amor mútuo. São Pedro ensinava no templo, sob o pórtico de Salomão, que se estendia pela esplanada até o Monte das Oliveiras, ou caminhando lentamente com os seus seguidores.

O chefe dos Apóstolos podia ver através das ameias da muralha, recortado em imagens de luz e de lágrimas, o itinerário de Cristo em direção ao local do suplício: as oliveiras de Getsêmani, os jardins do sumo sacerdote onde ele, Pedro, negara três vezes o seu Mestre antes do canto do galo — que tinha começado na hora anunciada como um despertador que temos de fazer um grande esforço para não esmagar com um soco — e, por último, à direita, dominando quase todo o recinto da cidade, o crânio pelado do Calvário. Os grandes momentos do Evangelho ainda estavam muito próximos, e talvez os discípulos que prolongavam pela noite as suas orações julgassem ouvir, durante o silêncio da cidade adormecida, o último grito de sofrimento arrancado pelos homens ao seu Salvador crucificado.

A fé em Jesus irritava os judeus ortodoxos, sobretudo os fariseus, minuciosos contabilistas de uma lei inchada pela tradição, bem como os saduceus, que eram naquela época como os protestantes hoje, no sentido de que rejeitavam a autoridade da tradição e obedeciam unicamente às prescrições de Moisés. O ilustre rabino Gamaliel aconselhava paciência a todos: "Uma de duas — dizia-lhes. — Se este projeto ou obra provém dos homens, dissolver-se-á por si mesmo (como se dissolveram antes os discípulos dos falsos messias que já vimos morrer entre nós); mas se provém de Deus, não podereis acabar com ele". Mas a prudência de Gamaliel não podia conter por muito tempo a cólera dos notáveis. Santo Estevão, o primeiro mártir do cristianismo, foi apedrejado a alguns passos do Horto das Oliveiras, onde Jesus sofrera a sua agonia espiritual. Os adeptos do Evangelho eram perseguidos e arrastados para as sinagogas, onde os obrigavam a escolher entre a morte e a apostasia. Entre os mais cruéis inimigos da religião nascente, distinguia-se pelo seu zelo repressor um jovem discípulo de Gamaliel, menos paciente do que o seu mestre: Paulo de Tarso.

Era filho de um rico fariseu da Cilícia, que lhe havia transmitido o título universalmente cobiçado de cidadão romano. Tinha recebido uma formação judaica adornada com uma cultura grega cuja função, no seu caso, era somente social e decorativa. A sua alma era pura e integralmente judaica e as suas crenças baseavam-se nos quatro pilares tradicionais da fé de seus pais: a Lei, fixada pelos fariseus em 248 mandamentos e 346 proibições; a escolha divina do povo de Israel; a espera do Messias; e, por último, o Juízo Final.

A fé em Jesus Cristo lançava por terra pelo menos três desses pilares. Absorvia toda a Lei no primeiro mandamento do amor e, arrancando daí, desembocava no universo, de certa forma ilegal, da caridade; estendia a escolha de Israel a toda a humanidade, chamando os "gentios" à mesma herança assegurada aos filhos da Promessa; reconhecia em Jesus não somente o "messias", o "enviado" do Senhor, mas o próprio Filho de Deus, um escândalo que se agravava até à loucura devido à crucifixão do portador da mensagem. Por fim, se a quarta coluna ainda se mantinha em pé, mudara, por assim dizer, de base e de capitel: os homens não seriam julgados pela justiça sobre a observância da Lei, mas pelo amor e acerca do amor.

Jovem fariseu autêntico, de uma religiosidade ativa, Saulo — ou Paulo para os romanos — não podia assistir impassível a essa metamorfose revolucionária das suas crenças. Era uma atitude sincera. Homem de uma só peça, nele a ação acompanhava o pensamento com um intervalo mínimo. Ainda adolescente, tinham-mo visto receber a roupa dos carrascos de Santo Estevão às portas de Jerusalém. Aplaudia as condenações, perseguia os cristãos como se fossem peças de uma caçada, solicitava missões punitivas e, devido ao ardor das suas convicções, unido ao brilho da sua notável inteligência, não demorou a ganhar a total confiança do Sinédrio.

Era esse mesmo Saulo, agora de uns trinta anos de idade, quem se aproximava de Damasco como cabeça de uma expedição judicial, enérgico e decidido, "respirando ameaças e morte". Uma pequena distância o separava ainda da graça. Uns passos mais, e o caçador de cristãos que se preparava para cair sobre a sua presa ia esmigalhar-se contra um muro de luz subitamente levantado diante dele.

Ainda que tivesse nascido somente uns anos depois e estudado durante muito tempo em Jerusalém, Paulo nunca se tinha encontrado com Cristo, e o choque foi tão repentino como a explosão de uma mina, tão assombroso como uma bala que mudasse inopinadamente de trajeto e desse a volta para pulverizar o atirador. Era meio-dia. Damasco estava perto e Paulo, seguido dos seus esbirros, saía do deserto "quando subitamente uma luz resplandecente vinda do céu o envolveu. Caindo por terra, ouviu uma voz que lhe dizia: «Saulo, Saulo, por que me persegues?» Respondeu: «Quem és tu, Senhor?» E ele: «Eu sou Jesus, a quem tu persegues»".

Na conversão de São Paulo, quase não vemos senão a violência do golpe, paralela à violência do adversário. Estamos diante do valente cavaleiro que, avançando para uma meta, morde o pó aos pés de um poder superior de incomparável majestade que aparece ante os seus olhos atônitos de campeão da lei e o fulmina: é o Legislador em pessoa. Caído judeu, Paulo levantar-se-á cristão; o perseguidor desarmado abandonará o campo com a vocação de um mártir.

Mas estas imagens do lutador esmagado pela luz do céu, ou do missionário castigador convertido no mais veemente dos Apóstolos no instante de uma queda violenta, não bastam para abarcar todo o acontecimento. Tudo isso não é mais do que o processo verbal do combate, o invólucro do comunicado. Naquele dia, ocorreu na fronteira das areias da Síria algo mais extraordinário que o choque de duas potências extremamente desiguais.

Certamente, nenhuma alma religiosa põe em dúvida que a vontade divina seja capaz de impor-se sem esforço a qualquer vontade humana, por mais que esta seja tão firme nas suas decisões como a de um Saulo de Tarso. Mas não estamos diante de um vencido a quem os seus ajudantes vão tirar imediatamente do campo de batalha, levando-o pela mão, nem diante de um homem cuja vontade é dobrada por uma força misteriosa e amanhã pregará jubilosamente o que na véspera negava com paixão. Ante a rapidez de semelhante mudança, as comparações com o raio surgem de forma espontânea.

Mas naquele relâmpago que por um instante permaneceu imóvel e que deslumbrou São Paulo, havia um rosto que ele não conhecia e que jamais poderia esquecer, o mesmo rosto que a Virgem Maria, petrificada pela dor, tinha visto refletir a morte na cruz; aquela figura do justiçado que no seu último segundo de vida formava o sopro de um último perdão; o semblante no qual a Madalena, que fora ao túmulo no terceiro dia, não tinha reconhecido os traços sobrenaturalmente pacificados: o adorável rosto de Jesus crucificado, morto e ressuscitado.

Paulo não é um homem feito prisioneiro pela graça em virtude de uma fulgurante descarga de esplendor, às portas de Damasco. É um coração de homem que a súbita revelação de um rosto e de um amor inimaginável abriu — e conquistou — para sempre.

"Os homens que o acompanhavam — lemos nos Atos dos Apóstolos — encheram-se de espanto, pois ouviam a voz, mas não viam ninguém". Saulo disse então: "Senhor, que queres que eu faça?" O Senhor disse-lhe: "Levanta-te, entra na cidade e lá te será dito o que deves fazer". "Saulo levantou-se do chão e, embora tivesse os olhos abertos, não via nada. Tomaram-no pela mão e introduziram-no em Damasco, onde esteve três dias sem ver, sem comer e sem beber".

Este foi o célebre episódio da "estrada de Damasco", que São Lucas relatou em três ocasiões no livro dos Atos, consagrado na sua maior parte ao apostolado de São Paulo.

Dezenove séculos depois deste acontecimento capital para a história da Igreja, Ernest Renan inclina-se sobre o relato, meneia a sua sábia cabeça e deixa cair este curioso diagnóstico: "Insolação!": a única insolação da história que transformou um judeu num cristão. Que seria se São Paulo tivesse estado de óculos escuros?... Mas semelhante hipótese dá calafrios: o Apóstolo das gentes teria continuado fariseu, a Europa teria permanecido pagã e o próprio Renan teria possivelmente passado toda a sua vida sacrificando cabritos a Astarte, sem suspeitar que se tinha frustrado a sua belíssima carreira de pensador anticristão do século XIX.

Uma das frases que mais horrorizavam o jovem perseguidor Saulo, quando a ouvia repetir aos discípulos de Jesus, era o famoso desafio aos escribas de Jerusalém: "Destruí este templo e em três dias o levantarei", palavras provocativas que aludiam veladamente à Paixão de Cristo, pois Ele mesmo seria esse "templo" destruído pela morte na Sexta-Feira Santa e ressuscitado ao terceiro dia. Mas também se poderiam aplicar aos três dias de cegueira, que, no caso de Paulo, se seguiram à resplandecente aparição da estrada de Damasco.

No primeiro dia, o recém-convertido vê destruído o templo das suas crenças tradicionais; amontoam-se no chão os pilares doutrinais em que se apoiava, e o seu judaísmo, desmantelado por uma silenciosa explosão de luz, é um judaísmo que se poderia chamar, literalmente, "a céu aberto".

No terceiro dia, depois de um intervalo de tempo "morto", o templo derrubado é reconstruído sob uma nova perspectiva, com os mesmos elementos, recuperados, inseridos agora numa arquitetura ampliada até às dimensões do universo, e transfigurados integramente pelo resplendor de Jesus Cristo.

É então que um judeu converso de Damasco chamado Ananias, obedecendo sem muito entusiasmo a uma ordem do alto, devolve a vista a Paulo, batiza-o e descobre-lhe a sua missão: "O Deus dos nossos pais escolheu-te para que conhecesses a sua vontade e visses o Justo (Jesus) e ouvisses a voz da sua boca, porque serás testemunha perante todos os homens do que viste e ouviste". Nesse dia nasceu o Apóstolo dos "gentios" (os estranhos ao judaísmo, os *goim).*

Estamos no ano 36, penúltimo do reinado de Tibério, último do mandato de Pôncio Pilatos, que passaria para a posteridade certamente sem suspeitar que o seu nome, destinado ao esquecimento dos arquivos imperiais, ressoaria com tanta frequência em todas as igrejas do mundo exatamente no meio do *Credo.* Foi como se esses dois personagens contemporâneos da paixão de Cristo tivessem esperado, para se despedirem deste mundo, que o Evangelho fosse comunicado ao homem incumbido de levá-lo através das províncias romanas até à capital do mundo.

E começa a evangelização da Europa. Numa extraordinária página das *Memórias de ultratumba* sobre o retorno de Napoleão ao desembarcar da ilha de Elba, para ir sozinho "de Fréjus a Paris e dormir tranquilamente nas Tulherias", Chateaubriand fala do prodígio da "invasão de um país por um só homem". A invasão do Império romano por São Paulo é um prodígio não menos deslumbrante. Ao longo de trinta anos e quatro grandes viagens (uma das quais por ordem judicial), o Apóstolo erigirá no itinerário dos grandes conquistadores muito mais igrejas que as praças fortes que jamais guerreiro algum pôde erguer.

A primeira cidade cuja conquista empreende é, obviamente, Damasco, e os primeiros a beneficiar-se da sua pregação são os judeus das sinagogas, que aguardavam um exterminador de hereges e ouvem com espanto o enviado do Sinédrio anunciar o Evangelho de Jesus Cristo. "Não é este — perguntavam — o homem que em Jerusalém perseguia os que invocavam esse nome? E não veio aqui para levá-los presos aos príncipes dos sacerdotes?" Mal o espanto deu lugar à ira, os cristãos de Damasco tiveram que ajudar São Paulo a fugir, e, como as portas da cidade estavam fechadas, esconderam-no numa cesta de pão, que fizeram descer, pendurada de uma corda, por uma janela das muralhas. Saindo dela como o gato da sua sacola, Paulo pôs-se a caminho de Jerusalém, onde o receberam friamente.

A sua reputação entre os cristãos era sinistra e alguns temiam que a sua conversão não passasse de um estratagema de perseguidor. Seria necessária a intervenção pessoal do apóstolo Barnabé, maravilhado pelo relato do encontro sobrenatural de Damasco, para que a temperatura da acolhida subisse alguns graus. Aliás, Paulo não permanece muito tempo em Jerusalém; a sua tarefa está em outro lugar. Até esse momento, os Apóstolos não tinham chegado a converter quase ninguém que não fosse judeu. A missão de Paulo é a de batizar os gentios. Depois de ter visitado Pedro, parte para o Norte, para os Baal e Astartes de Cilícia, os

Dionísios da Macedônia, todos aburguesados nos seus templos, para o meio daqueles refinados pagãos que sabiam tantas coisas e tinham visto tudo — exceto a verdade. A sua estratégia apostólica é quase invariável. Quando chega a uma cidade, dirige-se imediatamente ao bairro judeu, onde procura arranjar um trabalho a fim de não ser um peso para ninguém (a ele se deve a frase: "Quem não quiser trabalhar, que não coma", hoje atribuída por vezes a Lênin). De acordo com a tradição que impunha aos jovens formados nas escolas rabínicas a escolha de um ofício, tinha aprendido a tecer pano para tendas. Trabalha toda a semana em alguma oficina. No dia do Sabat vai à sinagoga, onde toma a palavra. Geralmente sem êxito.

No entanto, não abandonará nunca esse método e durante toda a sua vida oferecerá o Evangelho em primeiro lugar aos judeus, nos quais reconhece uma espécie de direito de primogenitura em matéria religiosa. Depois de cumpri-lo com rigorosa exatidão e apoiado na mais minuciosa descrição das provas tiradas das Sagradas Escrituras, procura os pagãos, a quem se dirige nas ruas, nas praças públicas ou em qualquer outro lugar, conforme a época, as circunstâncias ou a ocasião.

Espírito realista e prático como todos os grandes místicos, que não conhecem nada mais real do que Deus e não captam nada mais prático do que a verdade, não se perde em inúteis discursos especulativos. Não lança um sistema inédito, não leva aos pagãos uma filosofia nova que estes pudessem acrescentar à sua completíssima coleção de metafísicas inoperantes. Àqueles homens rodeados de uma multidão de divindades de mármore e de bronze, às quais muito inteligentemente não pedem senão uma só coisa — que permaneçam como estão, física e mentalmente, para deter a inexorável passagem do tempo e fixar a transitória figura deste mundo, como se fossem pregos de bronze ou pesa--papéis de mármore —, Paulo traz-lhes uma notícia espantosa, destinada a surpreender eternamente os idólatras, quer cultuem ídolos materiais ou abstratos, de ouro cinzelado ou cunhados em moeda, talhados em pedra ou inflados em globos cativos no céu das ideologias: a saber, que Deus existe, e existe no pleno sentido da palavra, isto é, com uma existência pessoal que comunica uma esperança e um amor sem limites.

O que impulsiona São Paulo é a doutrina do cristianismo, cujas bases, no entanto, o seu prodigioso gênio porá sem perceber, tal como se põe a mesa para uma refeição fraternal pensando nos convidados, mais do que nos talheres. Não escreverá nem livros, nem pensamentos, nem tratados dogmáticos; como tem que falar de pessoa a pessoa, escreverá cartas.

Prega a cruz, a morte e a ressurreição de Cristo, que — assim o escreve — lhe apareceu um dia "por último", depois de todos os Apóstolos, "como a um aborto". E se Cristo não ressuscitou verdadeiramente — continua a dizer aos cristãos de Corinto —, "vã é a nossa pregação e vã é também a vossa fé". Seríamos falsas testemunhas de Deus. Se essa esperança fosse enganosa, faria dos cristãos — frustrados neste mundo, privados do outro e, portanto, duas vezes despojados — "os mais infelizes dos homens" (intui-se que o Apóstolo consegue a duras penas não acrescentar: "e os mais imbecis").

Para nós, talvez o Evangelho se tenha convertido numa moral; mas para ele é um rosto, umas poucas palavras, a onipotente doçura de uma queixa: "Saulo, Saulo, por que me persegues?" Bem sabia ele uma coisa que nós temos ido esquecendo depois de tê-la aprendido dos seus lábios: que o cristianismo não é uma concepção do mundo, e nem sequer uma regra de vida; é a história de um amor que recomeça com cada alma. Para o maior dos Apóstolos, fascinado até o final pela beleza de um rosto visto na estrada de Damasco, a verdade não é uma ideia a que se tenha de servir, mas uma pessoa a quem se deve amar.

Todo o seu ensinamento não é senão a refração de um olhar: ainda hoje, as suas Epístolas, lidas nas nossas igrejas durante a Missa, enviam-nos a luz do Evangelho, lido a seguir pelo sacerdote.

Um antiquíssimo manuscrito descreve-nos o Apóstolo como um homem de baixa estatura, calvo, de sobrancelhas unidas sobre um nariz "levemente aquilino". Esse texto não inspira confiança aos especialistas e o retrato, pouco simpático, é provavelmente produto da imaginação. Mas exprime bastante bem a incrível energia de um homem que nunca se permitirá nem um minuto de descanso, que anunciará a Boa Nova pelos caminhos, por terra e por mar, nos terraços ou no fundo dos porões dos barcos, um homem a quem a prisão não fará calar nem as algemas com que o hão de prender poderão reduzir à imobilidade. Prega aos reis e aos humildes com idêntico e intrépido ardor. Prega a Agripa e à sua irmã Berenice em Cesareia, aos estivadores em Corinto, aos procônsules e aos soldados, aos senhores e aos escravos em Antioquia ou em Tessalônica.

As suas viagens a caminho de Roma pela Ásia Menor e pela Grécia, ou de barco por Creta e Malta, são tão agitadas como um filme de caubóis.

Em Éfeso, célebre lugar de peregrinação ao templo da deusa Artemis, o êxito da sua pregação provoca uma revolta entre os

PAULO

escultores, fundidores e fabricantes de objetos piedosos, que viviam das reproduções em miniatura do templo da deusa, considerado como uma das sete maravilhas do mundo.

Naufraga três vezes, sem que isso o impeça de desenvolver o seu tema favorito em proveito dos marinheiros, do capitão e dos passageiros, remando ou nadando.

No templo de Jerusalém, os judeus apoderam-se dele e arrastam-no até o Sinédrio, onde argumenta com tanto êxito, apoiado nas Escrituras, que os fariseus e os saduceus do tribunal se vão irritando primeiro com ele, e depois uns com os outros, para terminar ensarilhados, esquecendo-se do acusado. Sofre várias vezes o suplício da flagelação, do apedrejamento, e volta a começar cheio de fortaleza.

Nada o detém, nem sequer a prisão. No ano de 58, em consequência de uma acusação dos sumos sacerdotes, é encarcerado em Cesareia pelo procurador Félix, e isso permite-lhe doutrinar os seus guardas, o próprio Félix e, mais tarde, o seu sucessor Festo, diante de quem apela para César, invocando os seus direitos de cidadão romano.

Transferido para Roma, é-lhe concedido que fique em prisão domiciliar numa casa alugada, mas acorrentado a um guarda encarregado de vigiá-lo o tempo todo. Desse modo, os dois — o representante do Império e o representante de Deus — formam uma dupla de um inesgotável simbolismo tingido de um discreto humor: o prisioneiro não pode escapar do seu guardião, mas o guardião não pode escapar da catequese do prisioneiro aos que o visitam, entre eles os judeus notáveis da cidade. Este laço entre o soldado e o Apóstolo, entre Roma e o cristianismo, nunca mais se desfará.

GRANDES PASTORES

Após dois anos submetido a esse regime, é posto em liberdade. Volta a ser visto em Éfeso, em Trôade, em Mileto, em Corinto, na Macedônia e em Creta. Mas aproxima-se o final da sua carreira. Sem exércitos nem polícias, Paulo vence e muda, ainda de forma invisível, o curso da história. Com ele, tem início o Ocidente cristão.

O secreto poder da sua mensagem foi tal que, passados dois mil anos, continua a reinar nas inteligências e nos corações dos batizados. Onde os conquistadores não deixaram senão ruínas, aquele "homenzinho de sobrancelhas unidas" abriu a porta à esperança.

Ao longo das suas viagens e nos períodos que passou na prisão, foi ditando as suas Epístolas (chegaram-nos catorze), admiráveis monumentos de uma teologia espontânea na qual já se encontram traçadas com segura ousadia as grandes linhas espirituais da fé cristã. A sua última carta, dirigida no ano de 67 ao seu discípulo Timóteo, a quem chama ternamente "meu filho", contém a seguinte mensagem, cujas primeiras e últimas linhas podem ser aplicadas com toda a exatidão à sua própria vocação:

"Conjuro-te na presença de Deus e de Cristo Jesus, que há de julgar os vivos e os mortos, pela sua vinda e pelo seu reino: prega a Palavra, insiste oportuna e importunamente, argumenta, repreende, exorta com toda a paciência e doutrina. Porque virá um tempo em que os homens não suportarão a sã doutrina, mas, deixando-se levar pelos seus caprichos, reunirão à sua volta mestres que afaguem os seus ouvidos, e afastar-se-ão da verdade voltando-se para as fábulas. Tu, porém, vigia em tudo, afadiga-te no trabalho, cumpre a tua missão de anunciador do Evangelho, desempenha bem o teu ministério".

Quando envia estas últimas recomendações ao discípulo, está preso em Roma pela segunda vez, com o seu fiel companheiro São Lucas, autor dos Atos dos Apóstolos e do terceiro Evangelho. Mas agora as condições do seu cativeiro são muito duras, sobretudo para um homem de idade. A prisão é úmida e sofre muito com o frio. É a época da grande perseguição que se segue ao incêndio de Roma, ateado talvez por Nero em plena veia de reorganização urbana, pensando numa grande remodelação da sua capital. Atribuiu a culpa do desastre aos cristãos, que morreram torturados aos milhares. São Paulo não tinha dúvida alguma a respeito do seu destino:

Quanto a mim, estou a ponto de ser imolado — escreve a Timóteo — e aproxima-se o momento da minha partida. Combati o bom combate, terminei a minha carreira, guardei a fé.

Por ser um cidadão romano, não será lançado às feras ou crucificado por simples decisão dos juízes, como o foram tantos outros mártires. Será "julgado", isto é, declarado cristão (o que para ele era um título de glória), condenado como tal e decapitado. Numa manhã do ano de 67, os soldados levaram-no para fora da cidade, pelo caminho de Óstia, a um lugar antigamente deserto, e ali o mataram.

Karl Marx[1]

O seu retrato substituiu durante muito tempo, em milhões de lares, as defuntas imagens da piedade popular. Milhões de crianças despertaram para a vida sob o olhar severo desse rosto maciço, rodeado por um espesso círculo de cabelos brancos, com um bigode cujo traçado dá a impressão de um sorriso. Uma fronte monumental — suficiente para albergar dois cérebros normais —, esculpida num mármore impermeável a qualquer objeção, projeta para trás uma juba de fios de prata que se vai alargando até à altura das orelhas, como o penteado de uma esfinge. As sobrancelhas em linha quebrada, como pontudas águas-furtadas de uma casa de montanha, abrigam debaixo de si uns olhos extraordinariamente vivos, que acossam o oponente e fitam, varando a sua débil figura, a parede em que irão cravá-lo.

É uma figura pétrea, imune à erosão, na qual até a barba parece estar feita de esponjosa pedra calcária; uma inexpugnável torre de

---

1 A inserção desta figura entre os grandes pastores explica-se por se tratar de um personagem que levantou as massas, embora, com diz o Autor, as tenha levado a um colossal erro filosófico e histórico — NE.

GRANDES PASTORES

pensamentos que, durante lustros, dominou o entrechoque das guerras civis, o alarido das assembleias revolucionárias e o estrondo das multidões que — conscientes do seu poder — rendiam ao gênio dessa figura o tumultuado culto da esperança e da cólera. "Guia imortal da classe operária", o único personagem da história comunista cuja biografia jamais foi modificada pela Enciclopédia soviética, o profeta da revolução mundial e divindade ideológica que, mais de cem anos após a sua morte, ainda continua a pairar sobre uma parte do mundo — esse é Karl Marx.

Quando nasceu, em 1818, na pequenina cidade renana de Tréveris, a grande sombra de Napoleão desvanecia-se lentamente na Europa como a fumaça tardia de uma batalha. Os reis, mal refeitos do susto, certificavam-se do fim do pesadelo apalpando as suas coroas.

Na França, Luís XVIII — aquele que chegou numa furgão, fugiu de charrete e regressou de carruagem[2] —, o príncipe fatigado em extremo pelo excesso de acontecimentos e, aliás, bastante inteligente para não notar o desgaste do regime restaurado sob a sua bondosa e ligeiramente sarcástica proteção, traduzia Horácio e praticava os conselhos de Marco Aurélio. O exílio tinha-o tornado paciente e a gota fizera dele um estoico.

Frederico Guilherme III, a quem nem os sucessos de Leipzig e Waterloo nem o Tratado de Viena tinham podido fazer esquecer

---

2 Em 1815, Luís XVIII deixou a Inglaterra, onde se refugiara durante o domínio de Napoleão, para assumir a Coroa francesa após a derrota e o exílio do general na ilha de Elba. Quando o exilado desembarcou na França, ainda em 1815, e voltou a tomar o poder durante os conhecidos "Cem Dias" (de 26 de fevereiro a 7 de junho), o rei fugiu para a cidade de Gante, na Bélgica. Depois da derrota definitiva do imperador em Waterloo, voltou por fim a subir ao trono, com o apoio dos governantes dos países aliados — NE.

KARL MARX

a humilhação de Iena, cronometrava a infantaria prussiana e lançava-se pelos desfiladeiros de uma política que combinava inteligência e força, e que cinquenta anos depois culminaria com a coroação imperial de Guilherme I em Versalhes, no meio das ruínas da França.[3]

Desmanteladas durante algum tempo pelo furacão revolucionário, as monarquias tinham recobrado os seus costumes: violinos, cavalgadas, segredos de Estado, cetins, ignorância refinada. No entanto, tudo à volta delas tinha mudado.

Ao chegar ao fim, a Revolução Francesa dera à luz uma sociedade nova, burguesa, liberal, ávida de produzir, comerciar e triunfar. Uma sociedade que, pensando bem, era muito pouco parecida com a mãe que a tinha gerado. As perucas empoadas já só cobriam a cabeça apergaminhada de velhos diplomatas; em breve, as meias de seda deixavam de ser vistas a não ser nas panturrilhas dos criados de luxo. Os cidadãos usavam cartolas em forma de chaminés de trem, e as suas calças tubulares anunciavam a era dos cilindros de motor. Também a mobília sofrera a sua revolução. Depois das arcadas propícias ao galanteio, dos arabescos e das réplicas do estilo Luís XV, e com a depuração de linhas sob o Diretório e sob o Império, a voluta e o cruzeiro padronizados preparavam a industrialização do conforto.

---

3 Frederico Guilherme III foi rei da Prússia de 1797 a 1840. A confederação dos Estados do Norte da Alemanha, que esse rei formou em 1806 para deter Napoleão, sofreu logo de início duas pesadas derrotas — Oersted e *Iena* —, que quase causaram o fim do Estado Prussiano, mergulhando-o numa crise profunda. Em 1813, aliado com a Rússia, conseguiu uma importante vitória sobre a França em *Leipzig*, que culminaria em 1814 com a entrada dos exércitos aliados em Paris. Os seus exércitos também participaram da célebre batalha de *Waterloo*. — Guilherme I veio a ser rei da Prússia (1861–1888) e moveu contra a França a guerra de 1870–1871, em que derrotou Napoleão III, autoproclamando-se a seguir imperador da Alemanha — NE.

A literatura alemã chamava-se Goethe, e a francesa Chateaubriand. Mas o *Gênio do Cristianismo* entrava num desses numerosos túneis da sua história, enquanto o jovem Lamennais meditava sobre a "indiferença em matéria religiosa". É verdade que o espírito religioso não tinha morrido, mas recolhera as asas. O século do vapor iniciava a sua marcha rumo ao futuro triunfal da técnica e do progresso, no meio das flores da retórica humanitária e ao som das aclamações dos burgueses, deslumbrados ante a perspectiva da sua iminente vitória sobre a derradeira tutela da aristocracia e do clero. Guiado pela Ciência e pelo Progresso — na época, já se pensava somente com maiúsculas —, o homem avançava em direção à descoberta das riquezas deste mundo. Uma palavra resume a sua filosofia de felicidade na terra: "materialismo".

Com um simples adjetivo — aliás misterioso para a maioria dos que o empregavam —, um jovem judeu alemão com juba de leão convertia essa palavra, cheia de promessas sobre o que se podia alcançar, na mais terrível arma que jamais assolara a civilização ocidental. O materialismo tinha libertado o burguês. O materialismo "dialético" de Karl Marx condenava-o implacavelmente à morte.

Karl era o mais velho dos oito filhos (cinco meninas e três meninos) de uma família estabelecida em Tréveris, numa casa burguesa cujo aspecto banal era similar ao de qualquer prefeitura ou escola primária provincianas.

Seu pai, o advogado Heinrich Marx, filho de um antigo rabino da localidade, tinha conseguido alcançar uma sólida posição no Tribunal de Apelação da cidade. A mãe, pertencente a uma antiga família de rabinos holandeses, é vista pelos historiadores

KARL MARX

como uma figura prosaica, pouco dotada para a controvérsia e sempre pronta a recordar aos oradores do seu lar as realidades domésticas. Um dia, ser-lhe-á censurada como inconveniente esta reflexão irônica: "Filho, em vez de escreveres sobre o Capital, seria melhor que amealhasses algum".

Já Heinrich Marx era um espírito brilhante e liberal, apaixonado pelo jogo das ideias, e exerceu sem dúvida uma influência muito grande sobre o filho, pelo menos tão grande quanto o caráter do jovem Marx o permitia. Para salvar a sua situação e o porvir dos filhos, ameaçado pelas medidas antissemitas da Câmara prussiana — que acabava de proibir aos judeus o acesso aos cargos públicos e à maioria das carreiras liberais —, convertera-se juntamente com os seus ao protestantismo. Não lhe custou dar esse passo, pois havia muito tempo que estava afastado de qualquer prática religiosa. Essa "conversão" não deixou evidentemente nenhum rasto no espírito do jovem Marx, que durante toda a vida desprezaria as crenças e o sobrenatural, até o dia em ele próprio fundaria, sem o perceber, uma religião do ateísmo que superaria a Inquisição em rigor dogmático e devolveria aos homens a esperança no inacessível, para além de uma "sociedade sem classes".

Foi um estudante como todos os outros, incluída a habitual tendência para os versos românticos. Um estudante talvez um pouco mais aplicado tanto ao trabalho como às diversões, e que passava repentinamente da vigília estudiosa para a algazarra noturna. Escreveu poemas em que as moças, com o vestido ensopado em lágrimas, morriam de amor sob as estrelas impassíveis, enquanto os jovens cavalheiros rejeitados se suicidavam na igreja durante o casamento da amada infiel com um terceiro. É uma pena que esses escritos comoventes não tenham aparecido, com a sua prestigiosa assinatura, em revistas de fotonovelas. Mas esses repentes de febre sentimental, curados com cerveja, não demoraram a desaparecer. O jovem Marx não tinha vocação para a lírica.

Depois de um ano de infrutíferos sonhos na Universidade de Bonn, renunciou a soluçar com a literatura do seu século e entrou na Universidade de Berlim. Mas foi na de Iena que obteve, por fim, o título de Doutor em Filosofia.

Sua vigorosa inteligência destruiu sem grande esforço — em busca de realidades mais profundas — o cartão-pedra das construções românticas. A violência natural do seu temperamento mudou de direção, elevou-se e passou dos floreados da ficção novelesca para o plano superior das ideias. Marx já era então o que seria até o final: um homem combativo, seguro da sua capacidade intelectual de lógico realista, propenso à ironia e animado pela inquebrantável convicção de que o seu único dever era o de "trabalhar pelo bem da Humanidade", tal como tinha escrito aos quinze anos nas *Reflexões de um jovem diante da escolha da carreira.*

O pai, homem liberal e sensível, viu com preocupação como o caráter do seu filho ia adquirindo paulatinamente o perfil duro e monolítico que o faria atravessar o século como uma bala disparada pela carga de um pensamento explosivo. Numa carta comovente, encontrada pelo erudito Auguste Cornu, Heinrich Marx escreveu ao filho:

Às vezes, não posso sacudir de mim ideias que me entristecem e inquietam, como se fossem um presságio sombrio. Sinto-me subitamente

KARL MARX

invadido pela dúvida e pergunto-me se o teu coração responde à tua inteligência e às tuas qualidades espirituais, se é acessível aos sentimentos de ternura que aqui na terra são uma grande fonte de consolo para uma alma sensível, e se o singular demônio do qual o teu coração é claramente vítima é o espírito de Deus ou, pelo contrário, o de Fausto. Pergunto-me se alguma vez serás capaz de gozar de uma felicidade simples, das alegrias da família, e se poderás fazer felizes os que te rodeiam.

Mas o jovem Marx já está fora do alcance desse tipo de raciocínios. O seu espírito em busca de um ideal sofre toda a agitação, toda a perturbação de um missionário que está mais seguro dos princípios da sua missão do que do conteúdo da sua doutrina, ou de um profeta que sente a urgência de falar, mas que ainda não sabe bem o que dizer. É um adepto das ideias que hoje chamaríamos de extrema esquerda, mas que na altura só existiam em estado gasoso, pois ninguém as tinha ainda solidificado num corpo de doutrina.

Por duas vezes a sua saúde cambaleia, esgotada pelo cansaço. A sua família censura-lhe a negligência com que trata a amável jovem de Tréveris que afinal será a sua companheira e o único amor da sua vida: Jenny, filha do imponente barão von Westphalen. O pai morre sem ter obtido uma resposta válida às suas perguntas inquietas, que — como os biógrafos podem confirmar — torna a fazer uma e outra vez. A mãe queixa-se de falta de consideração por parte da família Westphalen. Por sua vez, Jenny, modelo de tenacidade, resiste ao assalto dos seus, que se negam a imaginar a união de uma jovem da mais antiga nobreza da Europa com um jovem burguês — e, o que é pior, revolucionário! — que já começa a ser por demais conhecido nas assembleias políticas.

73

GRANDES PASTORES

É então que chega a luz para o jovem Marx, sob a forma glacial da filosofia de Georg Wilhelm Friedrich Hegel, mestre da dialética, ex-seminarista luterano de Tübingen e refinado artífice de uma doutrina hiperintelectualista. Uma doutrina que situa na sua origem o próprio princípio da Ideia, cujo desenvolvimento através das contradições da história constitui a realidade de todas as coisas.

A célebre "dialética" de Hegel consiste em conciliar uma *afirmação* e a sua subsequente *negação* na unidade superior da *síntese*. Um exemplo: a ideia de "ser" introduz a de "não ser" ou "nada", e estas duas ideias contraditórias originam juntas a noção de "devir": com efeito, as coisas que "chegam a ser" são e não são ao mesmo tempo, uma vez que "mudam" ou "se transformam". A noção de "devir", por sua vez, anuncia um grupo de pensamentos contrários sobre a "vida" e sobre a "morte", também eles reconciliáveis na unidade conceituai da "evolução", e assim sucessivamente. Uma vez posta em andamento essa mecânica, nada mais poderá deter o seu movimento em três tempos — tese, antítese e síntese —, até que tudo o que é real seja completamente absorvido pelos ditames da lógica.

Esse tecido hegeliano (os fios entrelaçam-se em sentidos contrários), essa maneira original de conduzir o espírito rumo à identidade mediante a contradição, proporcionou a Marx o instrumento definitivo do seu pensamento, o método que lhe faltava para poder explorar a história das sociedades humanas, criticar a civilização da época e formular a sua própria concepção de mundo, na qual as oposições hegelianas entre o "capitalismo" e o "proletariado" seriam resolvidas na unidade da "sociedade sem classes".

KARL MARX

Estamos em 1843: Karl Marx tem então vinte e cinco anos, e já resolveu a sua primeira síntese dialética casando-se com a sua antítese social, Jenny von Westphalen, com quem se muda para Paris, morada favorita dos espíritos revolucionários da Europa. Na época da sua chegada à cidade do Sena, só havia em toda a França uma única lei social. E que lei!

Defendida na Câmara dos Pares por Montalembert — que havia atacado energicamente "as indústrias que arrancam o pobre, a sua mulher e os seus filhos dos costumes da vida em família e dos benefícios da vida no campo, para encerrá-los em insanos barracões, autênticos cárceres, onde todas as idades e sexos são condenados a uma sistemática e progressiva degradação" —, essa lei fixava os "oito anos" como idade mínima para a admissão de crianças nas fábricas, e reduzia para oito horas diárias a jornada de trabalho dos que tinham até doze anos de idade, e para doze horas diárias os que tinham dezesseis. Essa era a lei, e não havia mais nada. Até o ilustre físico Gay-Lussac, honrado com o nome de uma rua no Quartier Latin, combateu esse projeto declarando que "o patrão era o amo absoluto em sua casa".

Essa módica lei de 1840 foi a primeira "lei social" votada na França. Antes, toda a legislação trabalhista era regulada pela "lei Le Chapelier" de 14 de junho de 1791, que proibia a coligação "entre cidadãos do mesmo ofício ou profissão" — na prática, uma lei "dirigida" contra os operários da construção civil que reclamavam em bloco um aumento de salário —, e por um decreto de 3 de janeiro de 1813, que confirmava a proibição de que "meninos menores de dez anos" trabalhassem nas minas.

Nenhum dos grandes nomes da Revolução Francesa havia sequer intuído o problema operário. Nem Mirabeau,

75

nem Danton, nem Robespierre, nem Marat — o "amigo do povo"[4] — pressentiram a evolução econômica da sociedade da sua época. A lei Le Chapelier tinha sido adotada e aplicada sem oposição alguma, nem sequer operária, e o decreto imperial de 1813 fora durante trinta anos o único texto que havia demonstrado algum interesse pelas inumeráveis crianças literalmente encarceradas desde muito cedo em autênticas prisões industriais.

Um menino ganhava entre trinta e cinquenta centavos por dia, e o salário de um adulto variava entre um e dois francos, conforme a profissão, salvo em caso de depressão econômica. "Em Lyon — conta Blanqui —, as operárias ganham trezentos francos por ano, trabalhando catorze horas diárias em ofícios que as obrigam a estar suspensas de umas correias para poderem usar ao mesmo tempo os pés e as mãos em máquinas cujo movimento contínuo e simultâneo é indispensável para tecer galões". Um pesquisador oficioso apontava que "em certos estabelecimentos da Normandia, o chicote figura oficialmente entre os instrumentos de trabalho".

Desse modo, enquanto Stendhal descrevia pormenorizadamente os delicados amores dos seus coleópteros mundanos, enquanto Musset contemplava com pesar a sua palidez no Grande Canal, e a burguesia, deslumbrada perante o progresso do comércio e da indústria, deixava a religião para as mulheres e se voltava para a rendosa mística dos "negócios" — debaixo de toda essa decoração, todo um povo de deserdados vivia sem alegria, sem esperança e às vezes sem pão. O sistema feudal havia sido destruído, mas no seio do "regime burguês"

---

4 *O Amigo do Povo* era o nome do jornal editado por Marat em Paris — NE.

uma nova categoria de servos substituíra a antiga. Já não havia camponeses, "servos da gleba", em torno dos castelos. Mas ao redor das fábricas, multiplicadas pelo espírito empresarial que animava a época, as grandes concentrações operárias iam formando pouco a pouco uma classe à parte, ignorada pela lei, mergulhada numa existência miserável, e que seria chamada "proletariado".

O método hegeliano proporcionou a Karl Marx a ferramenta de que o seu pensamento precisava. A crueldade da "condição proletária" deixou-o indignado, centuplicou a sua vontade de agir e converteu o jovem pensador, apaixonado pela especulação filosófica, no general revolucionário mais consequente e temível de todos os tempos. A doutrina que criava seria uma mistura explosiva de lógica e indignação.

Estava pronta a armação da sua máquina de guerra contra o mundo da ganância. A anarquia glutona da sociedade da época indicava-lhe o inimigo: o "capitalismo burguês". As tropas contra ele? O proletariado. O campo de batalha? A mina, a fábrica, a oficina, todos os lugares de trabalho e de miséria nas cidades e nos campos.

O destino trouxe-lhe um inestimável aliado na pessoa do jovem Friedrich Engels, nascido em 1820 numa rica família industrial de Bremen. Era um espírito agudo, tão hábil para os negócios como ágil nas decisões políticas; um elegante personagem que seria como um fiel Saint-Just[5] para esse novo Robespierre, um Saint-Just previsor que salvaria o amigo da

---

5 Louis Antoine Saint-Just (1767–1794), deputado jacobino durante a Revolução Francesa, era profundo admirador de Robespierre e foi o seu braço direito durante o Regime do Terror, tendo sido guilhotinado após a queda deste — NE.

miséria e sustentaria até o fim a desastrosa economia doméstica do teórico da economia universal.

A partir desse momento, numerosos textos políticos trarão a assinatura conjunta dos dois amigos, sem que hoje seja possível distinguir qual foi a contribuição de cada um para a obra comum. Redigem conjuntamente o famoso *Manifesto do Partido Comunista,* cuja publicação coincide com a revolução de 1848, e que contém os principais traços da doutrina que, agravada pelo fanatismo, seria imposta por tanto tempo a centenas de milhões de seres humanos.

Assim como Marx, Engels era um perfeito ateu e, apesar das ilusões de um certo número de cristãos contemporâneos, o ateísmo constituía — e constitui — a própria essência do marxismo. De nada servia sonhar com um marxismo separado da sua irreligião orgânica, e que limitasse a sua ambição a uma reforma das estruturas da economia. O ateísmo integral proporcionava a "Marx-Engels" a base da sua doutrina: o "materialismo histórico", meta para a qual a sociedade e a moral se encaminhavam, determinadas pelas suas formas de produção. A partir dessa comprovação, desenvolve-se o movimento "dialético" do marxismo, que vê na História uma permanente luta de classes entre aqueles que possuem (e a quem a defesa dos seus interesses "desumaniza") e os que não possuem, cuja condição de dependência os torna "desapropriados", "alienados".

Hegel, cujo pensamento ia da Ideia ao real, desembocava num vago espiritualismo conservador muito grato ao governo prussiano, que segundo essa doutrina vinha a ser o melhor dos governos possíveis, já que constituía, sob a direção do mestre, a última encarnação da Ideia. Mas Karl Marx, discípulo irreverente,

KARL MARX

viraria a lógica de Hegel pelo avesso, como uma luva. Iria do real à Ideia e, como num passe de mágica, tudo aquilo que na filosofia do filho do pastor levava ao conservadorismo, na do neto do rabino levaria à revolução.

Por ser uma emanação das classes produtoras, o governo prussiano — assim como todos os governos do mundo — nada mais era do que um momento da dialética. Também o era a burguesia, cujo inevitável conflito com a sua antítese social, o proletariado, trazia necessariamente a revolução, na qual essa burguesia — reduzida, pela concentração de riquezas, a um número cada vez menor de possuidores — acabaria por ser submergida e liquidada pela massa crescente do proletariado. Uma vez vitoriosa, a classe operária aboliria a propriedade privada dos meios de produção e de troca, e ao mesmo tempo manteria a salvo, no paraíso sintético da sociedade sem classes, todos os homens libertados do sistema econômico que desumanizava uns e alienava outros.

Este foi o esquema de uma doutrina cuja atitude disfarçadamente religiosa era impossível ignorar. Tratava-se de uma réplica ateia que não tardaria a converter-se numa insolente caricatura do judeu-cristianismo tradicional: passar-se-ia do pecado original (a queda na propriedade privada) para a Redenção dos Pobres (Cristo, Deus feito homem; o proletário, homem feito deus); da escravidão do Egito (nas garras dos capitalistas) para a Terra Prometida do coletivismo; da Igreja (fora dela não há salvação) para o magistério infalível de Moscou e para a chamada confissão "autocrítica"..., sem esquecer, no plano supremo da mística, essa espécie de "diálogo" do homem com o homem, numa sorte de divinização sem amor. Pois se o advento do Reino de Deus é obra da caridade, o da sociedade sem classes não pode ser acelerado senão pelo esforço conjunto da violência e do ódio.

Durante longos anos, de expulsão em expulsão e de hotel em apartamentos mobiliados, Karl Marx levará a vida de um proscrito de minguados recursos, deixando na França, na Bélgica, na Alemanha e mais tarde em Londres, onde terminará os seus dias, diversos grupos de discípulos. Estes, num dia de 1864, formarão o núcleo propulsor da 1ª Internacional de trabalhadores, como resultado indireto dos forçados deslocamentos do seu doutrinador.

O itinerário de Marx estará marcado por folhas mortas, gazetas sem leitores, livros e panfletos apreendidos que irão devorando as suas parcas receitas, a pequena fortuna da esposa e o dinheiro dos amigos, exceto o do sagaz Engels, que dirige a sua barca fraternal como se fosse uma lancha salva-vidas, sem avareza, mas com discernimento.

Karl Marx experimenta até à náusea a deprimente dialética entre a necessidade e o crédito, fustigado por credores a quem não paga, num perpétuo estado de tensão doutrinal impróprio para qualquer atividade que não seja a de profeta social. Qualquer que fosse o amor que tivesse pelos seus, para ele a vida pública tinha absoluta prioridade sobre a vida privada. Por outro lado, a sua resistência à miséria e à desgraça era prodigiosa. Oprimido pelas lágrimas e pelas justas recriminações da esposa, fulminado em várias ocasiões pelo mais terrível golpe que um ser humano pode sofrer — a morte de um filho —, mantém-se em pé, inamovível, como que protegido da violência do destino pela violência do seu próprio pensamento.

KARL MARX

As únicas notícias que espera e recebe com alegria são as que lhe trazem a confirmação das suas teorias: depressões, crises econômicas, greves, bramidos revolucionários, motins. Dia após dia, a sua figura histórica delineia-se com traços cada vez mais claros sob um céu tempestuoso. Nos comitês extremistas, admira-se um filósofo capaz de falar com semelhante autoridade uma misteriosa linguagem escolástica, da qual nada se entenderia se não fosse tão facilmente traduzível nas mais simples e diretas fórmulas de ação: exploração do homem pelo homem, luta de classes, revolução, liquidação, libertação. O respeito dá lugar à admiração e a veneração ao respeito. Marx é o primeiro papa do "comunismo" (adotou uma velha palavra para designar algo novo, ao contrário do que faz a maioria dos políticos).

Proudhon, cujas impraticáveis teorias o expõem à burla do mestre, assim como Bakunin e todos os outros, sofrem a contragosto a sua influência. Até o conde Tolstói, um amável piadista, põe à sua disposição a sua imensa fortuna..., mas volta atrás antes que ele comece a usá-la.[6]

A fama do doutrinador estende-se muito além dos círculos revolucionários, mas os seus prestigiosos êxitos não lhe suavizam o caráter nem a dureza das suas réplicas. Não discute: maneja os argumentos como um bloco, esmaga quem o contradiga e vai-se embora sacudindo a cabeleira. As celebridades têm menos

---

6   Pierre Joseph Proudhon (1809–1865), pensador político belga, é considerado o fundador do anarquismo. A sua obra *A filosofia da miséria* (1846) obteve-lhe o desafeto de Marx, que no mesmo ano publicou em resposta um livro intitulado *A miséria da filosofia*. Mikhail Aleksandrovitch Bakunin (1814–1876) foi um dos teóricos do anarquismo e líder revolucionário, tendo participado da Comuna de Paris em 1848. O conde Lew Nicolaievitch Tolstói (1828–1910), o famoso escritor, foi simpatizante do socialismo e elaborou uma versão "social" do cristianismo, dedicando-se sem sucesso a educar os camponeses das suas propriedades — NE.

facilidade para se aproximar dele do que os operários: Reclus[7] queixa-se de que ele não se tenha levantado do fundo do salão para recebê-lo, permanecendo "constantemente próximo de um busto de Júpiter Olímpico, como se quisesse indicar o lugar que ocupa entre as grandes figuras da Humanidade".

Era um carnívoro que devorava sobretudo papel. Em Londres, onde passou a maior parte dos seus últimos trinta anos, mudando-se de um bairro para outro conforme o estado dos seus recursos, a paciência dos proprietários e as amistosas subvenções de Engels, escreve a sua obra mais importante, *O Capital,* usando frases complexas, enrodilhadas como molas e sem se preocupar com a conclusão. O ponto crucial da abordagem é a teoria segundo a qual o trabalho, como qualquer outra mercadoria, tem o seu valor determinado pelas necessidades do operário, e o excedente constitui a "mais-valia", cujo benefício reverte para o capital.

Resolvidos os seus apuros daí em diante graças a Engels — que soube dirigir os seus assuntos em benefício do interesse comum a ambos —, Marx modifica, abandona, volta sem cessar a empreender o grande trabalho da sua vida, que ficará inacabado. Desde o dia em que o *Manifesto Comunista* lançou ao mundo o seu brilhante e sombrio "Proletários de todos os países, uni-vos!", as sua teorias só receberam um arremedo de aplicação durante as breves jornadas da Comuna de Paris.

Mas ele estava seguro — com a segurança de um crente — da vitória final da sua doutrina. Uma certa paz pousa sobre

---

7 Élisée Reclus (1830–1905), geógrafo, escreveu a *Geografia Universal* (1875––1894). Membro da Internacional Socialista, foi desterrado em 1871 — NE.

os últimos dias da sua vida, que no entanto se vê atravessada por dois sofrimentos fulminantes: a morte da sua mulher e a da sua filha, Jenny Longuet. Pouco depois deste último golpe, Engels, ao entrar no seu quarto no dia 14 de março de 1883, encontra-o pacificamente adormecido para sempre. O seu túmulo está em Highgate.

A maioria dos marxistas não conhece *O Capital* melhor do que os católicos conhecem a *Suma Teológica* de São Tomás de Aquino. O pensamento de Marx, que também parece proceder da indústria pesada, deixou um método qualificado pomposamente de científico e um catecismo revolucionário que deram a volta ao mundo. Mas as teorias filosófico-econômicas tiradas do marxismo foram em todo o lugar refutadas pelos acontecimentos e não deram bons resultados em lugar nenhum. Apesar da abolição da propriedade privada, final simbólico da "exploração do homem pelo homem" nos países socialistas, e do extermínio direto ou indireto de milhões de seres humanos, sacrificados em nome — ou por causa — da "ideologia" do Partido, ninguém viveu, nem sequer por um só dia, o ideal da sociedade sem classes.

Nenhum povo do mundo se passou para o comunismo por efeito da lógica marxista, e todos os que viveram essa experiência foram obrigados a fazê-lo pela força das armas, ao amparo de duas Guerras Mundiais. E à desgraça doutrinal deve-se acrescentar a evidência de que o marxismo — ao fazer com que os governos "burgueses" se vissem forçados a finalmente elaborar uma política social, que foi com frequência eficaz — acabou por contribuir para a consolidação do capitalismo.

Karl Marx queria sinceramente a libertação da humanidade, mas os seus seguidores aprisionaram populações inteiras num

GRANDES PASTORES

totalitarismo sem precedentes; queria um homem novo, mas o homem novo teve as feições de um comissário político; pensava que a "ditadura do proletariado" duraria algumas semanas, mas manteve-se durante setenta anos. Pode-se dizer que Marx tinha previsto tudo, menos o marxismo, que — como se fosse um sacramento das trevas — produziu em toda a parte o contrário do que significava.

"A razão troveja na sua cratera", dizia o magnífico canto da classe operária. Hoje não se vê nada além da cratera, na qual ficou sepultada a pátria do socialismo e, com ela, umas esperanças atraiçoadas.

Bernadette

A autoridade estava envolvida num mar de confusões. Num grande escritório dourado, o barão Oscar Massy, prefeito de Tarbes, esperava ordens de Paris e recebia instruções ministeriais redigidas com tal habilidade que os destinatários poderiam ver nelas qualquer compromisso menos a promessa de uma intervenção do governo central.

"Não force nada" — escrevia o Ministro imperial para o Culto. — "É uma questão de tacto, de prudência, de firmeza. Tome as medidas necessárias para ir distraindo insensivelmente a atenção do público, de modo que as visitas sejam cada vez menos frequentes". O Ministro falava de pérolas, mas repugnava-lhe falar com clareza: "Por outro lado, senhor Prefeito, eu também não lhe poderia dar instruções mais precisas".

Uma verdadeira pena! O barão Massy, pessoa de grande honestidade que, sob o regime de Napoleão III, mostrava um traço bonachão no estilo de Luís Filipe, ter-se-ia livrado de muitas e graves preocupações se conhecesse esses meios pacíficos que lhe permitissem "distrair pouco a pouco a atenção" daqueles multidões, cada vez mais apertadas e compactas, que se concentravam

GRANDES PASTORES

na confluência do canal de Savy e da torrente de Pau. Também não encontrou ajuda alguma no procurador geral, outra autoridade que não sabia como avaliar os acontecimentos. Nenhum artigo do código penal tinha previsto semelhante caso: nenhum distúrbio, nenhuma arruaça popular davam pé para uma eventual repressão.

Entretanto, os jornais iam abandonando paulatinamente o tom jocoso das suas crônicas e começavam a filosofar, um sinal inequívoco de uma perigosa inclinação para a política e para a oposição.

O chefe de polícia Jacomet lançava prognósticos sombrios: "Este assunto não vai acabar nunca por si só, e pensar o contrário seria enganar-se com vãs ilusões".

As autoridades civis e militares queriam agir, mas não sabiam como. A polícia de Lourdes, em estado de alerta, mantinha-se à disposição de um prefeito totalmente exausto, que talvez tivesse podido estar à altura das circunstâncias se as circunstâncias tivessem dependido menos do Céu. Unicamente o corpo de gendarmes, que se mantinha impassível, julgava saber qual era o seu dever. Consciente da gravidade da situação, o tenente Bourriot, de Argelès, ordenava ao sargento da cavalaria de Angla, em Lourdes: "Quanto ao milagre, deixe as autoridades agirem: é assunto do prefeito, do chefe de polícia, do procurador imperial, do juiz de paz. A nossa tarefa é manter a ordem. Proíba toda a gente de usar espingardas e trazer um revólver no bolso. As armas estarão carregadas".

Mas o que é que acontecia? Acontecia que, no vale de Massabielle, uma mocinha tinha um encontro marcado com a Virgem Maria.

BERNADETTE

Essa mocinha era uma jovem de catorze anos, chamada Bernadette Soubirous, que nunca na sua vida manifestaria nada de especial. Morava numa ruela medieval com os pais, a irmã menor e os dois irmãozinhos, num sórdido local de três metros por quatro, que antigamente se utilizava como prisão e cujas janelas com grades davam para um pátio tão lúgubre que fazia desistir da fuga. Dizia-se que a mãe, Louise Soubirous, bebia, como fazem tantas pessoas que prefeririam comer.

François Soubirous, o pai, já tinha tido problemas com a polícia durante aquele inverno de 1856–1857 em que se passara tanta fome na França. Um antigo patrão já tinha mandado prendê-lo, acusando-o sem a menor prova de roubar farinha, simplesmente porque "o estado de miséria" dos Soubirous o fizera suspeitar que "podia ser ele o autor do roubo". Aliás, o autor da ação reconhecia sem pejo algum que aquele infeliz, durante a época em que estivera ao seu serviço, não lhe tinha dado nenhum motivo para duvidar da sua honestidade. Mesmo assim, Soubirous pai ficou preso durante uma semana. Como a acusação de roubo de farinha não vingou, acusaram-no de se ter apossado de um madeiro de um muro. Aquele madeiro de sabor evangélico permaneceria na mira da Justiça durante todo o resto da história.

O procurador imperial nunca compreenderia que o céu pudesse ter um interlocutor válido numa família tão miserável. Já em tempos recuados, nas margens do lago de Tiberíades, os judeus de boa família tinham criticado Jesus por andar em tão deploráveis companhias: os seus amigos publicanos, a pecadora Maria Madalena e aqueles indivíduos incultos que Ele pretendia converter em pilares da sua Igreja. Acontece que as intervenções sobrenaturais voltam automaticamente a colocar nas mesmas

GRANDES PASTORES

condições do Evangelho os lugares do mundo em que elas ocorrem. César e os seus representantes sentem-se obscuramente ameaçados pela exaltação espiritual dos humildes; e desejariam que aparições como aquela se fizessem por via hierárquica descendente. Mas não parece que o céu deixe que lhe imponham a nossa escala de valores sociais.

Em 1858, a França transbordava de gente de talento, mas foi Bernadette Soubirous, uma pobre menina enfermiça, atrasada no catecismo, a encarregada de fundar o lugar de peregrinação mais fértil em milagres do universo. Lourdes e a sua glória, a sua teologia e os seus inumeráveis benefícios, as suas almas inquietas e os seus corpos doloridos, tudo isso foi posto, junto com as chaves da esperança, nas mãos de uma menina.

O primeiro encontro dos dois infinitos teve lugar em 11 de fevereiro, num lugar da periferia de Lourdes onde confluíam a torrente pirenaica e o canal de Savy. Bernadette tinha saído de casa com a irmã e uma menina da vizinhança para recolher lenha e ossos (estes para vendê-los aos fabricantes de corante animal).

Ia tirando as meias para atravessar, atrás das companheiras, a parte baixa do canal, quando, ao levantar os olhos ante o repetido rumor de uma insólita rajada de vento, se assustou ao ver na outra margem, na cavidade superior da gruta de Massabielle, uma "pequena senhora" resplandecente de luz, cuja descrição correria a partir de então por todas as autoridades da região nestes termos aproximados:

Uma pessoa muito jovem, de pequena estatura. Vestido branco, cinturão azul, longo véu branco que cai até o chão. Pés semicobertos pela musselina do vestido e ornados com uma rosa amarela, provavelmente de ouro.

BERNADETTE

Olhos azuis. Sorriso inefável. Traz na mão direita um terço de contas brancas. Exprime-se na linguagem da região com extrema cortesia.

Na casa dos Soubirous, ficaram consternados. Bernadette atrairia novos motivos de inquietação para uma família que já penava para enfrentar as dificuldades normais da vida: à aparição seguir-se-iam imediatamente as implicâncias dos gendarmes. Tudo podia ainda ter conserto se Bernadette não voltasse à gruta. Mas a "pequena senhora" tinha-lhe dito com uma delicadeza encantadora: "Poderias fazer-me o favor de voltar aqui durante quinze dias?".

E cada manhã, ao amanhecer, a menina, movida por uma força imaterial, apressava-se a comparecer ao encontro, acompanhada por um cortejo cada vez mais impressionante de curiosos que ardiam em desejos de contemplar as suas feições transfiguradas pelo êxtase, os seus sorrisos que respondiam a invisíveis sorrisos, os olhos dilatados daquela menina sozinha no meio do gentio. A alva Senhora voltava a aparecer quase diariamente no mesmo lugar, pousada como um pássaro sobre um roseiral silvestre, envolvida em luz, todo-poderosa e doce como uma saudação angélica: "Não te prometo fazer-te feliz neste mundo, mas no outro". E depois: "Dize aos sacerdotes que levantem aqui uma capela, e que venham em procissão."

Na cidade, nem um só habitante da nobre sociedade de Lourdes acreditava nas declarações de Bernadette. O chefe de polícia, homem distinto, católico praticante, não dava crédito ao que a menina dizia, porque era um pouco próprio do seu ofício não acreditar em nada. Suspeitava que os Soubirous tinham montado aquele cenário para ganhar dinheiro. Mandou vigiar a família, a menina, a gruta, e, confiado na sua experiência policial, espreitava a hora de um escândalo que não se decidia a estalar.

Um minucioso interrogatório não serviu para fazê-lo mudar de atitude. Precursor dos métodos modernos, pôs-se a desenhar uma espécie de retrato falado da aparição com base nas belezas mais notáveis da região; mas nem sequer reunindo numa criatura ideal os predicados mais salientes de todas aquelas elegantes senhoras, era possível, de acordo com a menina, fazer uma ideia da graciosidade da sua "pequena senhora". O bom sacerdote de Lourdes, que andava com cara de poucos amigos na esperança, constantemente frustrada, de afastar os curiosos, irritava-se com a visionária e resistia quanto podia à tentação de acreditar nas visões.

Para dizer a verdade, o clero estava numa posição extremamente difícil. Sempre é delicado para os eclesiásticos rejeitar a priori o sobrenatural. Mas, por outro lado, é coisa grave comprometer a Igreja, e o Bispo de Tarbes mostrava de momento a mesma atitude de prudência distante e sibilina do Ministro para o Culto. O prefeito também não acreditava, bem como a sua esposa, sem dúvida porque uma mulher do mundo dificilmente pode imaginar que uma senhora de classe possa aparecer com tanta frequência com o mesmo vestido.

E, aliás, quem era aquela jovem senhora, vestida de luz, que pedia procissões e uma capela mesmo antes de ter dito como se chamava? As indagações sucediam-se uma após outra, num tom ora paternal ("Minha filha, conta-me tudo, ficarás aliviada!"), ora brutalmente ameaçador ("Morrerás na prisão!", dizia um juiz cheio de zelo). Depois da aparição, a vida de Bernadette Soubirous converter-se-ia num interrogatório que duraria vinte anos. Nunca um criminoso foi mais interrogado do que essa menina ignorante, pretensamente "simples", que responderia a todos com esse senso comum propriamente genial que caracteriza os grandes místicos, de Joana d'Arc a Santa Teresa de Lisieux.

Última esperança, um pensamento supremo de algumas autoridades cuja dignidade era posta em perigo por uma menininha de catorze anos: a doença mental. Seguindo o padrão oficial, o prefeito de Lourdes nomeou uma junta médica que, sem poder comprovar a realidade das visões — a menos que a própria junta fosse favorecida com alguma eventualidade pouco provável —, diagnosticou, em boa lógica, uma alucinação. Com essa base e apoiado pelo chefe de polícia, o prefeito expediu uma ordem de internação da visionária. Só lhe faltava conseguir o apoio do sacerdote (a opinião da família não contava).

Lamentavelmente, o diagnóstico dos médicos (citado por René Laurentin na sua excelente obra *Lourdes, os documentos autênticos)* inspirava-se demasiado em Molière para que pudesse dar origem a uma internação:

"Por conseguinte, os que assinam abaixo pensam que a menina Bernadette Soubirous pode ter apresentado um estado de êxtase que se repetiu em diversas ocasiões; e que se trata de uma doença mental, cujos efeitos explicam o fenômeno da visão [...]."

"Esta doença requer um tratamento? Pouco podemos dizer a este respeito."

Era impossível basear uma decisão administrativa num texto tão comovente. E, além do mais, o sacerdote de Lourdes, ainda que Bernadette o irritasse sobremaneira, negava-se a secundar "semelhante covardia", que não passaria de uma prisão dissimulada.

GRANDES PASTORES

Como último recurso, levantou-se uma barreira em torno da gruta. Os visitantes foram obrigados a ficar na outra margem da corrente.

Contrariando a opinião do governo, da magistratura e de uma grande parte do clero, tiveram lugar dezessete aparições, de 11 de fevereiro a 25 de março de 1858, e uma décima oitava, mais breve, em 26 de julho do mesmo ano. Em 25 de fevereiro, dia da oitava aparição, Bernadette descobre a fonte cujo fluxo espiritual nos parece hoje muito mais surpreendente que as suas propriedades milagrosas. Em 2 de março, tem lugar a décima terceira aparição: a "pequena senhora", que continua sem dizer o seu nome, pede pela segunda vez uma capela. O diálogo entre Bernadette e o seu pároco foi breve:

"Ela deseja ter uma capela em Massabielle".

"Dize àquela que te envia que o pároco de Lourdes não tem por costume falar com pessoas que não conhece. Que essa senhora te diga antes o seu nome."

Para maior segurança, o pároco pede um milagre. Não o terá, mas a dama, sim, terá a sua capela, que virá a ser, além disso, uma basílica e uma das mais famosas da cristandade.

Em 25 de março, festa da Anunciação, a "pequena senhora" consente, finalmente, em declinar o seu nome: "Eu sou — diz — a Imaculada Conceição".

Bernadette corre para o presbitério repetindo em voz baixa essas palavras que lhe são incompreensíveis e que teme esquecer pelo caminho: "Eu sou a Imaculada Conceição... Eu sou a Imaculada Conceição..."

BERNADETTE

Estupefato, o senhor pároco percebe que a desconhecida de Massabielle não disse: "Eu sou aquela que foi concebida sem pecado", mas, pelo contrário: "Eu sou a Imaculada Conceição", ela mesma em pessoa. A partir desse momento, o sacerdote permanecerá mudo diante desse abismo teológico[1].

Menos de quatro anos depois, em 18 de janeiro de 1863, o Bispo de Tarbes declara oficialmente que "os fiéis têm de considerar verdadeiras" as dezoito aparições da Virgem Maria a Bernadette Soubirous. A primeira igreja não demorará a ser construída no local. Já existem numerosos milagres. Em 1858, o poder civil, católico, temia que as visitas da Virgem Maria gerassem preconceitos contra a religião. Mais tarde, o poder civil, laico, esperará discretamente que os milhões de peregrinos vindos de todos os cantos do mundo curem milagrosamente o déficit das suas contas.

Em 1866, Bernadette professa nas Irmãs da Caridade de Nevers, onde padecerá — sem nunca se queixar — como um pássaro do céu em mãos de caçadores desprovidos de ternura. As "damas de Nevers" pertenciam à mais alta sociedade. Elevada à condição delas, "a pobre filha dos miseráveis Soubirous não corria o risco de julgar-se alguém?" E, no seu precioso livro *Bernadette,* Marcelle Auclair observa que, num caso desses, aquelas damas teriam considerado "menos grave que a tomassem por uma santa".

Mas Bernadette estava muito longe dos ataques da vaidade, vivendo na pureza de uma graça maravilhosa. A pobre mocinha,

---

1 Embora o dogma da Imaculada Conceição tivesse sido proclamado anos antes — em 8 de dezembro de 1854, pelo Papa Pio IX o assombro do pároco deve-se ao fato de, na época das aparições, o termo "Imaculada Conceição" ainda não ser conhecido pela maioria dos leigos — quanto mais por uma jovem iletrada e ignorante de toda a teologia sistemática — NE.

asmática, corroída por um câncer de ossos, afligida por numerosas doenças, nunca conhecerá nenhuma das doçuras da vida. O seu corpo enfermo, que curará tantos outros, viverá torturado até o fim; essa alma cheia de amor será sistematicamente humilhada por alguns superiores extremamente agressivos.

Esta parte da sua vida é admirável pelo seu valor e pela sua generosidade, e brilhantíssima pela sua sabedoria mística: mas não nos pertence.

Morreu no dia 16 de abril de 1879, ao acabar de rezar uma Ave-Maria. Desde o dia 8 de dezembro de 1933, data da sua canonização em São Pedro de Roma, diante de 80 mil fiéis, passou a chamar-se Santa Bernadette, virgem. Os que a amam não temem acrescentar: e mártir.

Direção geral
Renata Ferlin Sugai

Direção de aquisição
Hugo Langone

Direção editorial
Felipe Denardi

Produção editorial
Juliana Amato
Gabriela Haeitmann
Karine Santos
Ronaldo Vasconcelos

Capa
Karine Santos

Diagramação
Sérgio Ramalho

ESTE LIVRO ACABOU DE SE IMPRIMIR
A 21 DE JANEIRO DE 2025,
EM PAPEL PÓLEN BOLD 90 g/m².